中华先锋人物
故事汇

黄文秀

青春之花

HUANG WENXIU
QINGCHUN ZHI HUA

王勇英 著

党建读物出版社　　接力出版社

图书在版编目（CIP）数据

黄文秀：青春之花/王勇英著．—南宁：接力出版社；北京：党建读物出版社，2020.4（2023.12重印）
（中华人物故事汇．中华先锋人物故事汇）
ISBN 978-7-5448-6637-8

Ⅰ.①黄… Ⅱ.①王… Ⅲ.①传记小说-中国-当代 Ⅳ.①I247.5

中国版本图书馆CIP数据核字(2020)第056649号

黄文秀——青春之花

王勇英 著

责任编辑：李雅宁 张 雯
文字编辑：王 燕
责任校对：贾玲云 杜伟娜 张琦锋 王 静 高 雅 杨 艳
装帧设计：严 冬 许继云　　美术编辑：高春雷
出版发行：党建读物出版社　接力出版社
地　　址：北京市西城区西长安街80号东楼（邮编：100815）
广西南宁市园湖南路9号（邮编：530022）
网　　址：http://www.djcb71.com　　http://www.jielibj.com
电　　话：010-65547970/7621
经　　销：新华书店
印　　刷：河北鹏润印刷有限公司
2020年4月第1版　　2023年12月第9次印刷
787毫米×1092毫米　32开本　5印张　70千字
印数：87 001—92 000册　　定价：20.00元

版权所有 侵权必究

质量服务承诺：如发现缺页、错页、倒装等印装质量问题，可直接联系本社调换。
服务电话：010-65545440

目 录

写给小读者的话 ········· 1

花一样的壮家女孩 ········ 1

彩色童年 ············· 7

我叫黄文秀 ············ 15

走田野,捡谷穗 ········· 19

爱提建议的课代表 ········ 25

文秀的初心 ············ 31

在北师大的日子 ········· 35

百坭村第一书记 ········· 41

文秀的背包 ············ 49

我就管你叫哥·········59

一幅地图·········67

寻找致富带头人·········75

蜜蜂飞舞·········85

特别的晚餐·········93

我来做个种梦人·········103

彩色树·········111

牛铃声已远去·········119

大雨来临·········125

青春之花永远盛开·········131

想写一首歌，唱唱百坭村···139

写给小读者的话

百坭村,是一个被高高的大山重重包围的地方,是该村第一书记黄文秀扶贫的地方。黄文秀是这本书的主人公,她是一位大姐姐。现在就让我来告诉你,她的故事。

黄文秀出生在广西壮族自治区百色市田阳县巴别乡的一个农民家庭,家境贫寒,父母的身体也不好,但自立自强的黄文秀从小努力上进。二〇〇八年,黄文秀考入山西省长治学院,在思想政治教育专业学习。一颗赤子之心,将两个距离近两千公里的红色老区紧紧连在一起,一位朴实的壮家女儿,写下了她人生的青春之歌。在这里,黄文秀度过了四年的青葱岁月;在这里,她光荣地加入了中国共产党；在这里，她勤奋努力，考取了北京师范大学硕士研究生……在她的心中，早已深深种下了一颗报效家乡的种子。

她放弃留在大城市的工作机会，毅然决然地回到革命老区——百色，接受组织安排的任务，奔赴偏远的贫困山村担任驻村第一书记，将扶贫当作自己"心中的长征"，带动八十八户四百一十八名贫困群众脱贫，全村贫困发生率下降百分之二十以上。

她忍痛告别患癌症刚做完手术的父亲，深夜冒雨奔向受灾群众，不幸在途中被突发的山洪夺走了宝贵的生命……

想起她的笑容，总是那么灿烂，就如那山花般盛开着。

她就是我们身边的一个大姐姐。她普通却又极不平凡。她的精神力量化成灿烂的阳光，温暖着每一个人。

打开这本书，走进黄文秀姐姐的人生故事，你会有感动，有收获，或许她还会在你心里播下一颗梦想的种子。

花一样的壮家女孩

一九八九年的四月时节,深藏在石头山中的巴别乡,春寒仍残留于山林草木之中。

清晨,村子的木楼上头,笼着几团雾纱。村外的野地上,一丛丛杂草和裸露的石头上凝着一抹晨露,盐碱地在没有雨水的时候,就靠这些晨露滋润。

这天,一栋杆栏式壮族民居里传出婴儿的啼哭声。黄文秀降生在广西壮族自治区田阳县巴别乡德爱村多柳屯黄忠杰家。她是这个家的第三个孩子,在她前头,有一个大哥黄茂益,一个姐姐黄爱娟。

广西,神秘而美丽的八桂大地,花界人间的

传说已在民间流传数千年。花，灿烂而美好，在自然万物中象征鲜美的生命和喜悦的生活。

自古以来，八桂大地上的壮家人民种麻、织布，从山间采回植物，制作出各种色彩鲜丽的染汁，用来染布、染纱线，再用彩色的纱线在衣裳、腰带、头巾上绣出五彩缤纷的花朵，每个人的衣着上都有天然的本色，四季花朵从山坡野地一路开放到人们穿着的衣裳上。

壮家女孩黄文秀从出生那时起，生命就像花朵一样灿烂盛开。

奶奶给她做了一顶壮家娃儿戴的虎头帽，用七彩的纱线绣上四季花朵、田间瓜果、五谷、牛羊，还有吉祥凤凰，再穿上闪闪发光的银片。

"碟俏来哟。"妈妈黄彩勤看着怀里吃奶的孩子，轻轻跟她说话。

碟俏，是巴别乡壮家方言中对家中最小女儿的昵称。"碟俏"是黄文秀的小名，在此后的岁月里，全家人都叫她碟俏。奶奶在家里照顾她，把她放在摇床里，一边做些家务活，一边轻轻哼唱着壮家歌谣，唤一声："碟俏哟。"黄文秀戴着如繁花盛开般银片闪闪的虎头帽，安静乖巧地躺在摇床里，满足地吃着自己的手指，也伴着奶奶的歌谣咿咿呀呀地唱着。

奶奶只要轻轻叫一声"碟俏"，无论她玩得多着迷，准会扭过头去看奶奶，迎着奶奶的目光咧嘴笑。小小的她已经知道"碟俏"是她的名字。

妈妈每天忙着田间地里的活儿，傍晚一进家门，就唤一声"碟俏哟"，把她从摇床上抱起来，亲了又亲。妈妈身上总有一股子汗水与玉米叶子、泥土混杂的味道，这是妈妈的气息。小文秀喜欢依偎在妈妈的怀里，骨碌骨碌地转着眼珠冲妈妈笑。

巴别乡位于广西革命老区百色市，处于田阳县南部山区，东邻坡洪镇，西接德保县巴头乡，南连德保县那甲乡，北挨洞靖镇。巴别乡，德爱村，多柳屯，这些地名从文字上看起来很美，充满诗意，然而现实中的巴别乡，地处大山深处，自然条件恶劣，荒僻，贫穷。在这片石头山中讨生活的人们，常年背着背篓埋头在石头密布的山地里劳作。石头山重重叠叠，连绵起伏，云雾缭绕间，高高低低的山头相互交错着。巴别乡是岩溶石山地貌，即便在雨水充沛的季节，落在地上的雨水也会迅速消失于地面，这里没有地表河流，严重缺水。山中居民只能靠修建蓄水池，雨天时接些雨水，储存起来，等水中的浮尘沉淀后饮用。

这里可以耕种的土地极少，水田更是稀缺。三分石头一分泥，只能种些粗粮。农民们往往付出十分劳力，只有一分收成，常年广种薄收，咀嚼着贫苦与艰辛。

黄文秀的爸爸黄忠杰与日复一日在贫穷的大山里过活的村里人不太一样，他一心想着走出巴别乡，搬到田阳县城去。

举家离开故土，搬迁到别处，从此客居他乡，这可不是那么容易的事。巴别乡虽然荒僻、贫瘠，但好歹也是祖辈居住的地方。

"真要搬家吗？"村里人见到黄文秀的爸爸都这样问。黄忠杰只是笑笑，黄文秀的爷爷还没点头，这事就还悬着。

牛在半山腰上吃草，爷爷站在山崖边，往山

下看，多柳屯就窝在这群山之中，村庄周边的山路，走了几十年，再熟悉不过了。爸爸从山下走上来，陪着爷爷在山崖边站着，一起看山下的村庄，看自己的家。

"搬吧。"爷爷想通了。

"走哟，我们搬家喽。"妈妈背起背篓里的小文秀，回头看看老屋，万般不舍。这一走，也不知什么时候再回来。

"我们只是搬到外面去住，又不是不回来了。这里还是我们的家，爷爷还在家里，我们要常回来的。"爸爸这样安慰着。

那一年，黄文秀一岁左右，在爸爸的引领下，一家人走过弯弯曲曲的山间小道，翻越高高的石头山，到了田阳县棉纺厂附近几间窄小简陋的民房里。从此，这里便是他们的家了。

彩色童年

端午节就要到了。

按百色壮家人的习俗，要做五色糯米饭，包彩色的糯米粽，蒸青艾团过节。奶奶早早就扎了一个憨态可掬的渡河公，用红线挂在堂屋的挂钩上，香艾散发出淡淡清香，家里有了过节的气氛。

"一会儿和我去山上走一走。"一早起床，妈妈交代姐姐。

做彩色的糯米粽需要用草本植物来染色，青艾团也需要艾草，妈妈叫姐姐跟她去山上走一走，就是叫姐姐一起去山上采些草本植物。

"我也去。"黄文秀说着，赶紧跳下床，穿好鞋子，跑出去找背篓。

一出门，没走多远就是山道。黄文秀跟在妈妈和姐姐身后，一人背一个背篓。

晨露的水汽还很重，山中也是云雾缭绕，鸟鸣声声。她们一路走过，树叶上的露水打湿了衣裤，还有一些露珠随着晃动的树枝洒落在山地中。

五色糯米饭，有些地方的人也叫五色饭，因糯米饭呈黑、红、黄、白、紫五种色彩而得名，是壮家人的传统食品。每逢清明节、端午节、牛王节和农历三月三、四月八等民间传统节日，壮家人都喜欢做五色糯米饭，把它看作吉祥如意、五谷丰登的象征。

黑色的糯米饭，人们习惯叫它乌饭。乌饭是用枫叶染色，妈妈带着黄文秀姐妹俩先到山里去采枫叶。"那里有枫树——"黄文秀看到一棵枫树，告诉妈妈。"这棵已经有人摘过了。"妈妈说。

她们继续往前走，妈妈知道哪里有枫树林。黄文秀和姐姐跟着妈妈的脚步一路走过来，果然，前面就有十来棵枫树连成片的小树林，还没有人采摘过。妈妈放下背篓，挥动长柄砍刀轻轻拍一拍枫树，凝在树叶上的晨露纷纷洒落，瞬间就像飘了一场小雨。

"哇——"黄文秀跑到树下，仰望那纷纷洒落的晨露雨花，伸手去接，那些露水就像一颗颗水晶一样闪亮。

妈妈和姐姐挥刀把比较嫩的枫树枝砍下来，先堆在一个地方。黄文秀还小，不能拿刀，她就去接枫树枝，抱走堆起来。

然后，妈妈和姐姐再把枫叶分成一小把一小把的，用草叶扎起来。

妈妈边扎枫叶边给姐妹俩讲做五色糯米饭的技巧，比如黑色糯米饭，用枫叶和最嫩的茎皮，放在臼中捣烂，风干后浸入一定量的水中，浸泡一天一夜。把叶渣捞出滤净，这就是做黑色糯米饭的黑染料汁。再把黑染料汁倒入锅中，文火煮到半沸，再把糯米倒进去浸透。

再比如黄染料，可以用花迈、黄栀子等植物的果实、块茎提取。染汁的获取方法和制作步骤妈妈经常重复，因为壮家人都要学会做五色糯米饭。黄文秀都能背出来了。

黄文秀数着枫叶："一、二、三、四……二十一扎。""好了，今天就摘这么多吧。"妈妈说，"去找花迈。"壮语里的"花迈"指的是一种叫密蒙花的植物，用它做黄色糯米饭的染汁。也可以把黄栀子的果实捣碎，放入水中浸泡，水就变成黄橙色的染汁了；或者把黄栀子花捣烂，再和糯米一起用力搅拌，糯米就能变成黄色。

最后在山脚下采红蓝草。红蓝草是一种神奇的植物，同一品种的植物却有两种形状的叶子，不同的叶子可以做不同颜色的染汁。叶片稍长，颜色稍深，煮出来的颜色较浓，泡出来的米即成紫色；叶片较圆，颜色较浅，煮出来的颜色较淡，泡出来的米即成鲜红色。做红色糯米饭和紫色糯米饭所用的红染汁和紫染汁就是用这种植物制作的。

红蓝草矮矮的，成堆挤着，一丛一丛生长。叶面上有一层灰白色的绒毛，开着黄色的花团，一眼看过去很不起眼，还会觉得有些土气，但细看之下就会觉得它们很美。

"红蓝草。"黄文秀趴到草丛里,先摘一小朵花,放在耳轮上夹着,一仰脸,给妈妈和姐姐一张灿烂的笑脸。妈妈蹲下来,小心地把红蓝草连根拔起,拍去根部的泥土。姐姐则小心地用镰刀割红蓝草。割下来的红蓝草有些有根,有些没有根。

还要采做青艾团用的艾草。艾草遍地都是,挑选最绿最嫩的艾草,这样的艾草提取出来的青汁色彩特别鲜亮,做出来的青艾团也有青草的香气。

妈妈和姐姐的背篓都装得满满的了,她们又各自往黄文秀的小背篓里装了一把植物,这是要带回家自己用的,就让她背这一点儿。

她们从家附近的小路拐弯,去县城农贸市场,在卖农产品和草药之类的东西的摊位附近停下来。妈妈也找了一小块空地,把背篓里装得满满的草叶倒出来码放整齐,轻声吆喝起来。

端午节,城里人没时间去采这些植物,自然多多少少都会买一些。

妈妈站着，对来来往往的人微笑着打招呼，问他们要不要买这些过节用的植物，只是人来人往，都没有人来买。有些人只是看看，犹豫了一下，没想好有没有时间做五色糯米饭，又走了。

姐姐默默地看着妈妈，也默默地关注着每一个有可能走向她们这个摊位的人。每当有人走近，黄文秀和姐姐就紧紧盯着他们看，期待着，暗暗激动着，当他们只是经过或转身走开时，便轻轻叹一声气，十分失落。

"怎么没有人买我们的东西？"黄文秀问姐姐。

姐姐看看天色，此时不到九点钟，还早，太阳还不大。如果到了中午还卖不完，估计就有些麻烦了。晒到下午，叶子就打蔫了。

"不急，一会儿出来买菜的人多了，就会有人买的。就这二十多扎，摆到傍晚一定能卖得完。"妈妈倒是不着急。

果然，临近中午，来买菜的人多了，很快就把这两背篓草叶卖完了。

"太好了！"姐姐高兴地笑起来，她们这一趟就赚了几十块钱。

"还有卖吗?"一个推着婴儿车的阿姨过来问她们。

"没有了。"妈妈说。

可是那个阿姨看到黄文秀的背篓里还装有植物。

"这个是我们留着自己做五色糯米饭和青艾团的。"妈妈解释说。

"明天就过节了,哎呀,现在再买不到,就迟了……"那个阿姨很焦急,"我一路走下来,好几个人都卖完了。"

黄文秀看着她那个在婴儿车里晒着太阳的娃娃,突然说:"好,卖给你。我们再去采。"

"多好的孩子呀,谢谢你呀。"那个阿姨连连道谢。

几样植物扎成一份,一共才卖三块钱。那个阿姨给了五块钱,还跟黄文秀说:"那两块钱不用找了。"

黄文秀拿着那五块钱,回头看妈妈。

妈妈找两块钱给她:"原来卖多少钱的就卖多

少钱。"

妈妈这话是跟那个阿姨说的,也是专门说给姐妹俩听的,告诉她们不能起贪婪之心。

她们回去,又采摘了些植物,回家便开始忙碌着提取染汁,浸糯米。

端午节那天,一家人开开心心过节,吃五色糯米饭、彩色糯米粽,还有青艾团。

吃过饭之后,奶奶带了些五色糯米饭,和家里人一起走到田野、山地,一路随意放些糯米饭,这是跟大自然的小动物分享,一起过节。

天真活泼的黄文秀在田里走着,这里放一点儿彩色的糯米饭,那里放一点儿彩色的糯米饭,开心地对田野里的动物说:"田鼠哟,狐狸哟,鸟儿哟,都来尝尝吧。"

这是一个彩色的节日,也是黄文秀彩色的童年。

我叫黄文秀

来到田阳县的黄文秀一家,租了几亩山地,随着季节变换种些甘蔗、木薯、玉米、红薯、豆子类的农作物。

山地离家很远很远,黄文秀的爸爸妈妈总是天刚蒙蒙亮就赶马进山。日日踩着晨露出门,踏着星光回家,早出晚归,非常辛劳。

幼时的黄文秀就是在妈妈的背篓里一点点成长起来的。

爸爸妈妈在地里干活儿,黄文秀就独自在地头玩。夏日的山林里轻风微微地吹过,鸟儿飞来飞去,它们的叫声清脆好听。黄文秀喜欢这里,但是,她更喜欢比自己大四五岁的大哥和姐姐读书的小学。学校离她家不算远，每天早上大哥和姐姐出门去上学，黄文秀总是要追到门口，看着他俩的背影一直到学校。在家时常能听到从学校里传出来的琅琅读书声，她总觉得那声音像小鸟的歌声那么好听，不，更好听。黄文秀总是站在家门前的那条小路上，侧着小耳朵使劲儿想分辨出那些读书声中有没有大哥和姐姐的声音。

直到有一天，黄文秀悄悄跟在大哥和姐姐后面，一路跟到学校。小小的她站在学校门口，好奇地张望着，她也好想走进校园，坐在教室里。

"我要上学。"黄文秀跟爸爸说。

爸爸看着她那认真的小脸、天真明亮的眼睛，笑着说："好。"

"是不是还小了点？"妈妈除了觉得文秀年龄还小，其实还有别的忧虑。家里经济拮据，送两个孩子上学就已经很吃力，现在黄文秀又要上学，压力会更重。

"我不小了。"黄文秀把头抬得高高的，好让坐在桌边的爸爸妈妈看到。

"想上学就去吧。"爸爸一脸慈爱。

"太好了,我也可以上学了。"黄文秀高兴得在屋里转着圈跑起来,把一家人逗乐了。

妈妈找了一块布,给她缝了一个书包。

"要上学了,得有学名,不能再叫小名碟俏了。"姐姐黄爱娟跟爸爸妈妈说。

"那就起个学名吧。"爸爸跟黄文秀的大哥和姐姐说,"你们是家里头读书认字最多的人。"

姐姐从书包里拿出《新华字典》,和大哥一起查找适合为妹妹起的名字。

黄文秀乖乖地坐在桌子边,认认真真地看着查字典的大哥和姐姐,等着自己的新名字。

姐姐在纸上写了几个字,再组合起来,最后定好了一个名字:黄文秀。"怎么样?"姐姐问大哥。"好。"大哥也觉得好。

姐姐在纸上写下"黄文秀"这个名字,告诉黄文秀:"碟俏,以后你的学名就叫黄文秀。"

"黄文秀。"黄文秀跟着姐姐念这个名字,觉得很新奇,好像突然间又认识了一个新的自己,"黄文秀,我叫黄文秀。"

"我们的黄文秀将来要做一个有知识、有文

化，勇敢、坚强的人。"这是姐姐对妹妹寄予的期望，也是祝福。

"嗯。"黄文秀像个小大人儿一样认真地点点头。

那时小小的她，说到也做到了。上学时用的作业本、铅笔、橡皮等学习用具，全是学校奖励优秀学生发的奖品。她的奖状更是贴满家里的一面墙。

走田野，捡谷穗

九月末的秋风一吹，田阳县城郊外的稻田一片金黄，眼看就要进入收割季。

"秋风吹，禾叶黄，谷串低着头，准备捡谷了。"奶奶站在田边，轻风吹动着她的白发和黑布衣衫。

秋风把谷子成熟的气味吹开，天地间洋溢着收获的喜悦，捡谷的日子就要到了。

妈妈把谷箩搬出来晒。爸爸去山上砍回些竹子，削成细条的竹篾，把箩呀筐呀的小洞都补好，还编了三四个小竹箩，黄文秀兄妹三人可以提着去捡谷子。

"这是我的新竹箩。"黄文秀挑了个竹箩，提起来，开心地在家里走来走去，很称手，她巴不得快点提着去捡谷子。

"不用急，太阳再晒一晒，秋风再吹一吹，谷壳就更干爽、坚硬。明后天就会有人收割了。"奶奶是很有捡谷经验的。

收割完稻谷，田间地头难免遗落一些小谷穗或谷粒，很多人不会回头去捡，留在田里，附近村民的鸡群会到田里来觅食。遗落在地里的谷粒，也是小鸟、田鼠等野外动物的美食。每年，收割的那几天，也就是农忙的日子，捡谷就是没有水田，种不了稻谷的黄文秀一家人最重大的事。

"走吧。"黄文秀提起竹箩就要出发。奶奶却依然按兵不动，沉稳地待着。"不去吗？"黄文秀问奶奶。大哥和姐姐也看着奶奶，等奶奶发话。妈妈微笑着说："先让别人收割，半天后，我们再去。"

"为什么？"黄文秀问奶奶。"那是别人种的稻谷。我们要等人家收割完了，回头打理一遍稻田里遗落的谷串、农具什么的。只有稻田的主人全部撤离收割过的稻田之后，我们才能去捡他们不要的，留在稻田里的谷粒。我们过早去捡谷，就好像去偷、去抢别人的粮食呀。"爸爸缓缓地说，"捡谷捡谷，只有别人不要了的谷粒，我们才能去捡。"

到了中午，姐姐去田里探了一圈，又有好几块稻田收割过了。

有好几块收割过的稻田，主人已经全部撤离，有些人已经提着竹箩来捡谷了。

"去吧。"奶奶说。现在，他们可以去捡谷了。

"去捡谷喽。"黄文秀提起竹箩，跑在前头，奔往田野。

收割过的稻田，还留着禾头。有些人只留一点点禾头，有些人却留很高的禾头，一把一把的，还有力地生长着，可能是故意留在田里，到时候烧禾头留火灰，给稻田蓄肥。

有些禾头上还有一两片半枯的禾叶，还有些田草特别喜欢挤在禾头脚下生长，禾叶和田草凌乱地纠缠着，这样的禾头被绕成了绿莹莹的一

团。那一团团禾头田草，开着各色小花，笼罩着泥田。泥田里有一窝一窝的浅坑，那是人们在插秧时踩过水田留下的脚印，现在这些地窝儿都散落着谷粒。奶奶有经验，蹲下来，轻轻撩开笼罩在地窝儿上的禾叶、田草，就能发现聚在地窝儿里的谷粒，每一窝谷粒，少的有七八粒，多的时候能有小半碗。

田里总是落有谷子的，有些是田鼠咬断了谷穗，拖了一些回洞，掉了一些在田里，而田鼠还来不及返回来搬回去。不过，在收获的季节里，满田地都是成熟的谷子，田鼠不愁米粮，一出洞，随便爬上哪棵稻苗都能咬回一串谷子，对于落在地上的那些，它们就不要了。

"田鼠咬谷呀，浪费得很。"种田人一提到偷谷子的田鼠就头痛。

种田的农人呢，收割完几块水田的稻谷，紧接着还要脱谷、晒谷、晒禾秆，忙得团团转，无暇再回来捡遗落在田里的谷子了。这些遗落在田里的谷粒，在黄文秀一家人眼里，每一粒都是珍贵的。一家人每天早早出去，提着竹箩在地里捡谷，捡满一小箩就倒到爸爸带来的大箩里。大箩差不多满了，爸爸就赶马把谷子运回家去，倒在门口铺好的垫子上晒。

这样早出晚归捡七八天谷子，积少成多，也能有不少收获。晒谷的时候，黄文秀和姐姐守在边上，一人拿一根棍子，驱鸟赶鸡，小动物们也是很精明的，总是逮时间来偷吃谷子。

"这是我们捡回来的，你们不能来偷吃，你们要是想吃，自己去田里捡去，那里还有呢。"小文秀一本正经地跟小鸟、小鸭、小公鸡念叨，好像它们都能听得懂似的。

谷子晒了些天，爸爸抓起一把谷子闻一闻，再撒落在谷堆上，听到干爽的声音，谷子终于晒干了。晒干的谷子装一半在谷缸里收着，拿一半去脱谷壳。米缸里装进了新米。

炊烟袅袅时，整个家里弥漫着米饭的香味，这是一家人的幸福时刻。

爱提建议的课代表

一个阳光暖暖的冬日,黄文秀和几个关系要好的女同学在校园的草地上晒太阳,看书。青春年少的初中生,正是爱做梦的年纪。她们躺在草坪上,仰望着校园上空湛蓝而开阔的天空,目光放远,遥想未来。

"你们将来想做什么?"黄文秀问。

"我想考上我们田阳县最好的高中。"

"我也是。"

……

几个同学分享着各自将来的梦想。"文秀,你将来想做什么?"同学问她。

黄文秀的脑海里出现了家里的一个画面:她

家里的那面墙上，贴了很多奖状。这面墙壁上的奖状，是让爸爸妈妈骄傲的"宝贝"。他们无数次在那面墙前站着，默默地看着那鲜亮而仿佛又散发出温暖的光芒的奖状，期待着这些奖状能拼成一条路，载着他们的孩子通向大学校园。

这些奖状就是将来我走入大学的脚印。黄文秀在心里默默地说。

"考上大学。"黄文秀说。

"大学？"

同学们都有些吃惊。

现在他们才上初中呀，就想着考上大学，好像远了些吧？

"你们大学毕业以后，想做什么？"黄文秀问同学们。

……

同学们笑了，虽然大学也是梦想之地，可是，还不知道能不能考得上，现在就想大学毕业以后做什么，太遥远了，有些不现实。

"我大学毕业以后，想当教师。"黄文秀总是那么勇敢地表达自己心里的想法，坦诚而率真。

一头短发，爱打排球，浑身充满活力的她，性格就像她的笑容那般，阳光，乐观，自信。她的这份乐观自信也感染了同学们，受她的影响，同学们也有了把梦想放飞到更远处的勇气。

黄文秀是个有主意的孩子，想好了要做什么，定下目标，就会为之努力，百折不挠。自从她有了将来要做一名教师的想法以后，她的脑子里就开始酝酿一个大胆的想法，想要尝试。

黄文秀是数学课代表，一个个作业本收上来之后，在她怀里摞了老高的一堆。

"大家对我们数学老师的教学有什么提议或建议吗？"黄文秀问同学们。

大家吃惊地看着她，不知道她为什么会突然有这么一问。

"我对我们数学老师的教学有一点儿看法，我想交作业的时候找老师谈一谈，如果你们也有什么想法要表达，我们可以一起去，或者我也可以代为转达。"黄文秀说。

"文秀，你怎么了？"平日里关系要好的同学小声提醒她，"你可是数学课代表。"

"数学课代表,要去挑战数学老师?"

……

没有人对老师的教学有什么想法,一直以来,都是老师怎么教大家怎么学,怎么能去跟老师说要老师怎么教呢?

"我不是质疑老师的教学方法,而是交流,跟老师说说我的想法,还有我的建议。"黄文秀说。

"建议也不行吧?"同学小声提醒她,这可是挑战老师的权威,要闯祸的。

"如果我将来做了老师,如果我的学生对我的教学方法有不同的看法,或有更好的建议,我会很高兴。我想我们的老师也想把他最好的知识都传授给我们,也一定想找到更好的办法,让他教得轻松,我们学得轻松,教与学能达到更好的效果。"黄文秀觉得,这样的师生关系是最好的,可以互相交流、沟通。

黄文秀是很有行动力的,敢想敢做。这不,她抱起作业本就去找数学老师,她要去做一件"惊天动地"的大事了。

看着她走出教室,所有人为她捏一把汗。

结果会如何呢?

时间一点点过去,白炽灯下的教室里,同学们低头看书,静静的,然而在这份安静中却又涌动着一份担忧与不安。

黄文秀会怎么样呢?

百分之百会哭丧着脸,灰溜溜地回来吧。

结果,黄文秀一脸笑容地回来了。

"怎么样?"大家都问她。

"你们都低估了我们老师的胸怀。"黄文秀高兴地说,"一切顺利!"

让大家不敢相信的是,老师居然接受了黄文秀的建议,还和她一起畅谈数学教学的问题。那次的师生交流很愉快,数学老师对她的印象也格外深刻。老师喜欢这种敢于表达并提出建议的学生。大胆的学生遇到开明的老师,就有了这个"惊天动地"的奇迹。也有些学生说,黄文秀将来应该能梦想成真,成为一名教师,甚至还有可能会成为一位校长。

文秀的初心

二〇〇八年,黄文秀收到来自山西长治学院的录取通知书。

可是读四年大学,花费肯定不小,捧着录取通知书的黄文秀开心不起来。

黄文秀考上大学的消息已经在老家多柳屯传开了。

"碟俏,读书的费用不要担心,我们家还有牛。"爷爷卖了一头牛,给她准备了上学的费用。

黄文秀带着家里人的祝福与期望,从绿意浓浓的广西抵达山西,踏入向往已久的大学校园。新生入校,觉得一切都那么新奇。新生自我介绍时,黄文秀总是骄傲地说:"我来自广西百色,革命老区。"同学们一听到百色这个地名，自然会想到百色起义。

"我小时候就看过电影《百色起义》。"班里一个女同学说。百色有着悠久的历史，百色右江沿岸那片河谷就是壮民族的发祥地。百色也是革命老区，一九二九年，邓小平等老一辈革命家领导发动了著名的百色起义，创建了中国工农红军第七军，成立了右江苏维埃政府，开辟了全国瞩目的右江革命根据地。黄文秀以自己是百色人而自豪，而骄傲。

大学校园，是一个具有魔力的舞台，为每个学子提供成长和发挥特长的机会。黄文秀总是欢快得像一只清晨的小鸟，洋溢着喜悦；又像一条灵动的小鱼，畅游于大海，浑身有使不完的力量。她想努力把握这四年大学时光，好好学习，好好发展，让自己成为更勇敢、有担当的人。

学校有很多社团，在校园的大道边，常有各种社团摆出招收新成员的海报，老团员们也会极力鼓励新生们加入自己的社团。黄文秀加入了好几个社团，因为责任心强，工作能力也出众，很快就成为社团的骨干，而早日加入中国共产党更是文秀进入大学后一直努力的方向。

"你来自百色革命老区，你想入党，成为党员，那太好了！"黄文秀的入党介绍人鼓励她。二〇一一年六月十一日，对黄文秀来说是特别重要的日子，这一天，在鲜艳的党旗下，黄文秀宣誓加入了中国共产党。

黄文秀身上总有一股韧劲，特别能吃苦，想做的事，一旦决定就排除万难，披荆斩棘，一路前行。她每天刻苦学习，总是在图书馆里大量"啃书"；走路时，脚步匆忙，怀里还抱着书；吃饭时，手里也还是放不开书；在公交站等车，车来之前的那几分钟，她也捧着书静静地站在那里看。

二〇一二年，黄文秀从长治学院毕业，获得法学学士学位。同年，黄文秀也如愿考取了北京师范大学研究生。

在北师大的日子

　　北京的冬天，雪花飘扬时，黄文秀和第一次见到北京冬天的大雪的南方同学一样，兴奋地想躺在雪地里打个滚儿。

　　自从到北京读书后，爸爸妈妈就从关注长治天气预报改为看北京气温变化了。在首都北京这座繁华城市里读书的黄文秀，正值美好年华，但她的生活一如从前那样简单朴素。

　　"文秀，你又勤工俭学，又做家教，也有点收入呀，为什么不舍得给自己买件新衣服呢？"同学忍不住问她。

　　大家都觉得她很节省。

　　"够穿了。"黄文秀笑笑说。

她没告诉同学们，为了供她读书，家里借了不少钱。爷爷老了，没法再走山路去放牛了，奶奶有病在身。爸爸妈妈也已经上了年纪，妈妈的身体也一直不太好。黄文秀不再跟家里要钱，在学校所需的费用都是靠勤工俭学、做家教挣来的。她假期也很少回老家，留在北京做家教，既能省往返路费，也努力为下一个学期挣些费用。

她很忙，忙得连去玩的时间都没有。"到北京来读书，长城都不去看一看吗？"同学问她。"长城，是要去看一看的。"黄文秀虽然也这么觉得，但是，她有她的打算。

黄文秀一直有一个心愿：带爷爷奶奶、爸爸妈妈来北京看看天安门。

家里人知道她的这份心意，很欣慰。爷爷奶奶说自己是老骨头了，哪儿都不肯去。妈妈身体不好，也不想出远门。最后，黄文秀只带了爸爸来北京看看。

每当打开电脑，点开收藏的家人照片，看看老家爷爷赶牛走过的山野，仿佛就看到爷爷赶着牛行走在山间，牛铃声时远时近……

黄文秀身在北京，心系家乡。她跟爸爸说了她的想法：等毕业了，回百色工作。爸爸从来都是支持她的。

毕业在即。二〇一五年的那个寒假，黄文秀没回老家过年，留在北京。

"文秀，你不回家吗？"魏天经老师见到假期留校的黄文秀，问她。

"是的，魏老师。我毕业以后要回百色工作，我想，这应该是我在北京过的最后一个冬天，想在学校过这个年。"黄文秀说。

"年三十有几个留校的学生到我家包饺子过年，你也一起来吧！"魏天经老师邀请她。

那年年三十晚上，黄文秀与几个留校学生在魏天经老师家里包饺子，一起过年。

"老师，我要先走。"黄文秀跟魏老师说，她想去看望学校的一位离休老师。魏天经老师让黄文秀把饺子带上。就这样，黄文秀提来热乎乎的饺子，陪着那位她一直惦记着的老教师吃了一顿温暖的年夜饭。

得知黄文秀要回百色工作的消息，老师和同学都很惊讶。以她的成绩和能力，无论是出国还是留在北京工作，或继续读博深造，都会有很好的前程。

"文秀，决定了？"老师希望她再考虑考虑。

"决定了。"黄文秀说。

"文秀，你怎么突然想到要回百色去工作呢？"有些同学问她。

"早就想好了。"黄文秀说。

其实，黄文秀并不是毕业在即才突然做了回家乡工作的决定，早在长治学院读大四时，她的心里就已经种下返回家乡，支援、建设家乡的种子。

黄文秀曾经做过一份试卷，其中有一道题是关于华中农业大学学生徐本禹放弃攻读研究生的机会去农村支教的事例。当时黄文秀对这道题的回答是：我认为徐本禹的人生价值观是正确的，他的奉献精神值得我学习。这也是她对未来的思考。

在那时，她在人生方向上就已经有了抉择。

在北师大的日子

"你经过多少努力才从贫困山区走出来，先考到长治学院读书，然后再考到北京来上学，难道真舍得离开繁华的首都，重回那个贫困的山区？"有些同学好心劝她再想想。

"百色是我的家乡。"黄文秀笑笑说。

百坭村第一书记

起伏的山峦,看不到尽头。那连片的山,看起来竟然也像海波一样荡漾着,真是奇妙的自然景观。这是文秀在电脑上看到的广西乐业县的图片。

天坑遍布的乐业山脉,坑底下隐藏着神秘幽深的原始森林。黄文秀握着鼠标,轻轻滑过,慢慢移动着图片上的山地。

百坭村就在这片山峦之中。

"又在看你的百坭村了,"同事从她的办公桌旁经过,看到她电脑上的图片,就笑她,"每天看无数遍吧?"

"先熟悉熟悉。"黄文秀也笑了。

"百坭村的第一书记，准备下班了。"同事打趣着，匆忙往前走了。

百坭村，是黄文秀要去驻村扶贫的地方。再过两天就要上任了，黄文秀的心情既激动，又有些不安，她很想快点去百坭村开展工作，但又担心自己工作经验不足，工作做不好。

二〇一六年七月，黄文秀从北京师范大学毕业，被录用为广西定向选调生，进入百色市委宣传部，任理论科副科长，后挂任中共田阳县那满镇党委副书记。其间，百色的扶贫工作开展得如火如荼。百色是全国十四个集中连片的贫困地区之一，是全国脱贫攻坚主战场之一。

黄文秀被派往百坭村任第一书记。

有一个同事知道百坭村，他对黄文秀说："我得给你透露点消息。"

"什么消息？"黄文秀好奇地问他。

百坭村离市区二百多公里，高山林立，山路蜿蜒迂回。百坭村大部分山是石头山，也有不少泥山和泥石混杂的山岭。每逢雨季，常有山洪暴发，山体塌方，泥石混合的山体也常有石头滚落，山路、农田，甚至村屯的房屋也时常被冲毁或掩埋。深山之中，山路崎岖，交通不便，物资还时常供应不上，山里的许多人过着贫困的生活，有些人连温饱都难以维持。

黄文秀听了之后，沉默着，陷入深思之中。

大家看着她，以为她被吓着了。这个同事说的可是事实，并无夸大，事实上，情况还要比这更糟。

"所以，那里才需要我们。"黄文秀说，"我一定要努力，为百坭村的群众多做些有益的实事。"

同事严彬航和成明是派驻乐业县同乐镇龙门村的扶贫干部。"你们去的龙门村，我也查了一下。龙门村几乎都是石头山，自然条件很恶劣。比起来，百坭村可是好多了！"黄文秀说，"派我去百坭村，其实是关照我的！"

"我是男的，龙门村的自然条件再恶劣，我也不怕。"严彬航说。

"我年长些，是大姐，我去条件艰苦的地方扶贫，我也不怕。"成明说。

"我也有信心。"同事蒋丹丹说。

"一起加油吧。"黄文秀伸出手。

大家相互加油。

个个雄心壮志,约好了"一起去,一起回"。

黄文秀也是豪情满怀,跟大家一起宣誓:"不获全胜,决不收兵。"

二〇一八年三月二十六号,黄文秀去乐业百坭村扶贫,三个人为一个分队。他们出发时,有记者采访黄文秀:"书记,到百坭村扶贫,条件艰苦,是什么样的意志在激励你,要申请去扶贫呢?"

"我是一名党员,是来自百色革命老区的壮家儿女,将革命先烈们奋勇前进、不断拼搏的精神传承下去,我们青年一代责无旁贷。"黄文秀说。

当她告诉爸爸,她要去百坭村扶贫,任第一书记时,爸爸也一如既往地支持她的决定。爸爸说:"好呀,我们家从前也穷苦,幸好得到了政府的帮助,得到了扶贫干部的帮助,现在我们家脱贫了。现在你去扶贫,要好好工作,帮助更多贫困人家过上好日子。"

在前往百坭村的路上,爸爸的叮嘱一直萦绕在黄文秀耳边,陪她一路前行。

百坭村太偏远,从百色市到百坭村村支部,就算熟手开车都要开好几个小时,且交通极不方便。为了更好地完成扶贫工作,黄文秀贷款买了一辆车。

从百色市到凌云县的路段相对平坦。深入凌云山区后,山路越来越难走,转弯多,且一边是山壁,另一边是幽深的山谷,很多人坐车经过这段路,会时不时地随着车子颠簸晕眩、呕吐。

黄文秀的车一路上慢慢行驶,总算安全抵达百坭村。

百坭村的村支书周昌战和村主任班智华,还有其他村干部早已经在村支部迎接他们了。"书记,一路辛苦了。"

黄文秀看到百坭村村支部,比图片上看起来还要简陋,只有一栋两层小矮楼。会议室在二楼,扶贫干部和百坭村的干部们便挤在这窄小的空间里工作。

"书记,我领你去宿舍。"一个村干部过来,提起黄文秀的行李就带她走。

黄文秀在百坭村的宿舍,十平方米的小屋里,摆着一张小床,窗前有一张旧木桌和一把旧木椅子。

"这里,就是我的家了。"黄文秀推开窗子,一股风从窗口吹进来,拂动着她的长发。

黄文秀从百色带来的家当中,有一把吉他。黄文秀喜欢音乐,她把吉他带来,以后在山里的日子里,工作之余偶尔弹唱。工作要全心投入去做,生活也需要音乐来唱响。

黄文秀拨响琴弦,心里许下一个愿望:愿两年之后,百坭村所有贫困户都实现脱贫,届时她就弹着吉他,和扶贫战友们高歌凯旋。

"书记,你走了那么远的山路,要不要先好好休息一下?"村干部担心她会累倒。

"跟我说说百坭村现在的情况,我想要全面了解一下。"黄文秀刚安顿好就立马回到了办公室。

黄文秀听完村干部的工作汇报之后,在笔记本上做了简要的记录,并列出重点:百坭村共有四百七十二户,二千零六十八人,建档立卡贫困户一百九十五户，八百八十三人。二〇一七年末脱贫为一百五十四户，六百九十一人，因学致贫和因残因病致贫占比最高。

黄文秀清楚，这些问题现在就摆在她面前，急需解决。

从现在起，扶贫攻坚之路正式开始，再难的事情我也要迎头而上。黄文秀在心里告诉自己。

文秀的背包

黄文秀满心想的都是百坭村的事。

"时间紧急,一定要争取尽快走访完百坭村各个屯,摸清各屯各户的具体情况。"黄文秀想好了,今天要走访两个屯,路有些远,早早就要起来,和村干部在村支部碰头之后,一起出发。

黄文秀的工作热情就像熊熊燃烧的火苗。

然而,让黄文秀想不到的是,村民们给她的见面礼就像一盆冷水,浇了一身。

不少人嘀咕着:"一个首都来的女大学生,白白净净的,能吃得了苦吗?""就是,没准儿连五谷都不认识咧。""我看哪,可能连山路都走不好,说不定就是一时兴起,来转一圈就走人啦……"

从屯里回来,黄文秀又委屈又沮丧,在宿舍里抱着吉他,有一下没一下地弹着。她在心里说:为什么?我可是真心诚意来帮助大家的呀。

黄文秀在河边走了走,看看山,吹吹风,心情好多了。

大家为什么不信任我呢?黄文秀觉得找出原因才是关键。

这时候细细琢磨村民们说的那些话,黄文秀豁然了。群众看到她学生气十足,有距离感,不像"自己人",所以不相信她会扎根在百坭村。"好吧,那我就让你们看到我的决心与诚意!"文秀说到做到。自己是个近视眼,这看上去"斯斯文文"的眼镜是没法摘了,鲜艳的裙子可以暂时放起来,穿上适合干农活的宽大衣服;漂亮的高跟鞋也不穿了,走山路穿运动鞋最舒适;一头乌黑披散的长发看着不利落?那就扎起来!出门戴一顶大草帽,雨伞就先收起来吧;还有这造型小巧的拎包,也要一起说"再见"了。

黄文秀买了个双肩布背包,灰颜色,容量大,男女通用，价格便宜，她往肩膀上一背，跟村里人背的背篓也差不多。

第二天一大早，人们远远看见一个戴着大草帽、背着双肩包的大姐出现在村子里，还爽朗地跟大家打招呼，就像是熟人一样。

可是，究竟是谁呢？不记得这是哪家姑娘啊。

大家左看右看，纳闷着，走近一看，大草帽下这位笑容灿烂的大姐，不正是书记黄文秀嘛！

村民们你看看我，我看看你，都很吃惊。面前的这个黄文秀，跟之前文文静静的姑娘可完全不一样。当然，也亲切多了。看到一个小姑娘这么下功夫，大家有点惭愧。"没准儿，人家真是来帮咱们的呢！"有人低声说。

大家点了点头，没怎么说话，心里却开始暗自期待，想看看她日后的行动。

戴着大草帽、背着双肩包的黄文秀，再不是村子里一眼望去"与众不同"的学生娃了。她明白，要让村民们相信自己，仅仅靠打扮肯定是不够的，得彻底扭转大家的看法。

各个屯里，闲时，村民爱聚在村头聊天。黄

文秀到屯里来走访，有人大老远看见了，心想，我们这么坐着蹲着聊，大学生肯定不习惯吧？可是，黄文秀二话不说，也和大家一样，蹲下来，或者干脆找块石头坐下聊。

这还不算什么，有时候，她到贫困户家走访，户主递过来一张小板凳，上面还沾有小孩吃饭掉落的饭粒，她也不嫌弃，大大方方地接过来就坐。她早就发现了，农村嘛，小孩子喜欢光着脚，坐在板凳上甚至踩在板凳上吃饭，因此板凳上有点灰尘、沙土、柴叶、饭粒什么的，再正常不过了，大家能习惯，自己也要习惯。

村里的小娃儿，喜欢在地上爬，手脚上都是泥巴。有时候孩子好奇，爬到她面前，伸手扶着她的腿，抓着她的衣服站起来看她。黄文秀也丝毫不介意，冲娃笑笑，顺手就把孩子抱在怀里，帮孩子抹去吊在鼻子前的鼻涕，再逗逗孩子。

家里的大人一看，也乐了，不知不觉聊起天来，彼此也就没那么生分了。

黄文秀这样一天走下来，衣服上常常会沾满灰尘、饭粒，甚至还有小孩的鼻涕，已经风干的

文秀的背包　53

嘎巴，牢牢地粘在衣服上，洗衣服时要用水泡一阵子才能把它们抠下来。

不过，黄文秀丝毫不介意这些。她发现了，和大家沟通，要循序渐进，说说家常，再谈工作。很快，黄文秀就和大家打成了一片。村民都是很质朴的人，黄文秀的调查工作，也慢慢有了很大进展。

采访调查的过程中，总有各种各样的情况。黄文秀也不气馁，一次次告诉自己，只要有收获，再苦再累都没关系。

有时候，贫困户到山中田地去干活儿了，黄文秀和扶贫干部们也到田里去，卷起裤管下地，一边帮忙干活儿，一边跟贫困户交流，了解贫困户家的情况。以前，黄文秀从不喝酒，可自从到了百坭村，走访时遇到有些村民办酒宴，她也干脆坐下来，像个汉子一样，爽快地端起酒碗，跟大伙儿喝上三两口。

大家坐在一块喝酒，拉家常，人情便浓了，话也好说了。村民们也跟黄文秀越发亲切起来。以前大家都对她客客气气，叫她书记，可现在呢，大家干脆喊她文秀或是秀儿。

黄文秀的变化，百坭村村支书周昌战看在眼里，很是欣喜，他说："起初我们有些村干部也不太信任她，觉得她太年轻。现在大家都看到了她的努力与能力，村干部们对她的态度就转变了。文秀书记啊，是个很了不起的女孩！"

不但村支书这样说，百坭村的村民，也发自肺腑地这样想。

现在，大家只要看到山路上有个背着灰色背包、戴着大草帽的人，就知道，那准是黄文秀书记又下村走访了。

黄文秀背的灰色双肩包很大，看上去鼓鼓的，好像塞满了宝贝。她走在山路上，远远只看到那个大背包，像小山一样。有人问她，走山路还背那么大个包做什么？沉不沉？黄文秀说，包大好装东西，背习惯了，就不觉得沉了。

可是，这个大大的背包里，到底装有什么宝物呢？

面对大家的好奇，黄文秀总是微微一笑，一副很神秘的样子。她心想，没错，这里面呀，可全是自己的"宝物"呢。

宝物之一，雨具！背包里，雨衣、雨伞、雨鞋可是一应俱全。出门在外，天气变幻无常，大雨说下就下，从来没商量。有些山野得走好远才有人家，即使雨后，也往往道路泥泞，必须换上雨鞋才能走路，因此，雨具绝对是必不可少的"宝贝"。

宝物之二，手电筒。有些屯子离村支部很远，有时候到了一个屯，要找的贫困户在山间或田里干活儿，黄文秀就得亲自去找。等她挨个找到，完成工作后往村支部赶，天已经不早了。而且，脚步根本赶不及天黑的速度，没等走过一个山坡，天色就暗了下来，简直是摸黑走路。所以，手电筒也是必不可少的"宝贝"。

当然了，黄文秀的宝贝，可不是一件两件，而是满满一大包。这里面，除了刚才说的，还有创可贴、驱蚊水、酒精、云南白药和小柴胡冲剂等一些随身必带的药品。出门在外，难免着凉感冒、头痛脑热，而且山里林深木茂，蚊子、野蜂、蚂蟥……各种虫子都有，她的随身小药箱，不只是为自己备的，万一遇到其他人需要，也可以拿出来救个急。

不过，这些宝贝还会随时变化呢。

有时候，她到一些贫困户家里走访，看到小孩别说新衣服了，连鞋子袜子都没有。她就专门留了心，孩子多高，鞋子多大，下次再到屯里走访，就把自己新买的鞋袜当成"宝贝"塞进她的背包里。她不但用背包为大家带过鞋袜、毛巾、衣服，甚至还有肉和油呢。

黄文秀背包里的宝贝越来越丰富，简直可以说是一个百宝箱了。黄文秀的这个百宝箱里，甚至还装过考试资料。

一位村民的孩子要参加事业单位的考试，他们知道黄文秀是从北京读书回来的，特意找她请教。黄文秀很痛快地答应了，不但找了满满一背包学习资料，走了很远的山路送来，还拿出从前"学霸"的架势，当晚就指导孩子复习准备。一家人感激得不知如何是好，黄文秀却哈哈大笑，说这没什么呀。

村民们和黄文秀的关系越来越好。有意思的是，每次提起她时，大家总能想起她的灰色双肩包。"不知道她的背包里,这次又装了什么宝贝来啊。"

这个嘛,可就只有黄文秀知道了。

有时候,黄文秀和扶贫干部翻山越岭,累得走不动了,大家正上气不接下气,黄文秀却不急不慢地从背包里拿出几颗糖来。大家补充了能量,很快又有了力气。

其实,那些小零食,主要是给屯里的小孩子们准备的。深山里的村屯,平日很少有外人来,他们一来,孩子们就觉得特别新鲜,从村头跟到村尾,在一旁瞅着,一双双眼睛里写满了好奇。

面对孩子们,黄文秀总想给点什么。糖果对于孩子们来说,是最美味不过的了,得到糖果的孩子,含上一颗,也许那一整天都是甜美的,甚至晚上睡着了还能一直甜到梦境里。所以,糖果可是黄文秀背包里常备的"宝贝"呢。

工作笔记本和笔也是她始终装在背包里的两样宝贝,工作中哪怕一个非常小的细节,黄文秀也不肯放过,随时做记录。黄文秀的背包里,装着的是她的热情、真诚和善良。

我就管你叫哥

黄文秀今天要去走访一个屯,这个屯离村支部不算太远,下午再出发也来得及。在走访之前,黄文秀先查看了当天这个屯里的各家各户的情况,这是她的工作习惯。

每个屯的情况,村干部都有详细的记录。黄文秀细细查看情况时,发觉其中有一个贫困户户主的情况有些特殊。

"这是怎么回事?"黄文秀问村干部。

"这个贫困户还有点难搞。"村干部说。

事情是这样的,二〇一八年,百坭村开展低保清退工作,这个贫困户被清退。可是,他不理解自己为什么被清退,他固执地认为贫困户能一直享受低保,所以就闹情绪了。"我们有没有按政策办?"黄文秀觉得这个问题才是最关键的。

"书记,这个我们是严格按照国家政策办的。"支书周昌战告诉黄文秀,"贫困的原因有多种,贫困有个过程,在这个过程中,低保会进行动态的管理和调整,在贫困户生活最困难的时候,低保能给予一定的生活保证。当时,那个贫困户的孩子还在读书,他的家庭情况的确很困难,需要享受低保渡过难关。而现在,他的几个孩子都已经找到了工作,已经过了最困难的阶段,就应该从低保中清退出来,让生活更艰难、更需要帮助的人享受低保。至于是哪些人,在什么情况下才能享受低保,政策有明文规定,不是由村干部自己定,想给谁就给谁的。"

"做得很好,我们就要按政策办。"黄文秀说。

"我们多次跟他解释政策,可是不太顺利,他还是想不通。"周昌战说。

"那怎么办呢?想不通也得去说。"黄文秀觉得思想工作还是要继续做。

百坭村的村支书和村主任是当地人,较为了

解当地群众的情况,他们跟黄文秀说,这个村民可能对政策不了解,一时还转不过弯来,以为低保评上了就一直都属于他,现在突然被清退,难免有些想法,再慢慢跟他沟通,他会想通的。

"隔些天再去找他谈吧。"村主任班智华说着也轻轻叹了一口气。

"远远看到我们,就关门。"村干部也说。

"啊?怎么还像小孩子一样耍脾气呢?"黄文秀哭笑不得。

"虽然我刚来百坭村没多久,但也能深深体会到基层干部的工作,是很不容易。"黄文秀已经有了一些感触。

像这种情况,村干部们就常常遇到,有些评不上低保的群众也闹情绪,觉得别人得到了好处,自己没得,心里有些不平衡。村干部们往往是承受着群众的误解,一边解释,一边默默工作。

对于这件事,黄文秀和村两委的意见都一致,遇到这样的户主,不能对方一闹情绪就退让,一定要严格执行国家政策,才能做到公正、公平。

周昌战说:"群众的情绪也只是暂时的,给他们时间想想,想通了,就理解接受了。"

黄文秀没想到,刚到百坭村不久,就遇到了一个这么"难搞"的人。虽然大家都劝她先别去这个屯,或者先别去走访这个户主,可是,她决定了,再难沟通的人她也要去面对。

黄文秀说:"我今天还去找他,试试吧。也许他现在也差不多想通了,我再去说一说,没准儿他就真的想通了。"

大家都吃惊地看着她,当地的村干部们上门找他都碰了一鼻子灰,黄文秀能行吗?尽管勇气可嘉,但是,就看看会不会有奇迹出现吧。

"我这也是去试试。"说实话,黄文秀其实心里也没底。

在村干部的陪同下,黄文秀找到了那个户主。

蹲在家门口的户主大伯看到村干部和黄文秀,就猜他们准是来找他的。他提起锄头就进了屋,反手把大门关上了。黄文秀走到门口,敲门:"老哥——"

屋里没有回应。

黄文秀又敲了几次门,喊了他几次,他还是不出声。村子里的狗听到动静,聚集过来,好奇地围观他们。

今天吃这一顿闭门羹,也是在黄文秀的意料之中的。她想,再这么等下去也不是办法,就先去走访其他贫困户了。

晚上,黄文秀回想白天去走访那个户主的事,有些遗憾,居然连话都没说上,如果能面对面说话,就好办多了。

第二天,黄文秀就熟门熟路了,一早就直奔那个户主的家。她是专门赶在早上来的,要来个出其不意。

然而,让黄文秀想不到的是,她刚一进村就被发觉了,再次被挡在门外。黄文秀和村干部在那个户主家门口的树墩上坐下来,隔着门说起了低保的政策,希望他能够明白。

黄文秀讲了大半天,屋里头只是闷着声说了一句:"你们走吧。"

在回去的路上,黄文秀一直在想,如何能把户主的心结打开呢?政策和道理大家都讲了无数遍了,估计他也听不进去,或许应该另辟蹊径,换个方式跟他谈。

黄文秀再回头细看那户人家的情况,发觉他家种有砂糖橘,心里便有了主意。

黄文秀认真做好了功课,第三次登门拜访。"老哥,我是黄文秀,你姓黄,我也姓黄,我管你叫哥,我们就是一家人。"黄文秀坐在门外,拉起了家常,"黄哥,我工作经验不足,还需要黄哥多多帮助,我要跟你好好沟通才能知道我的工作哪里做得不够好,才能知道怎么把工作做得更好。如果我的工作做好了,黄哥你也就不会生闷气了。"

被黄文秀一声声"黄哥"叫着,黄姓户主情绪缓和了很多,愿意跟她说话,也愿意听她说话了。

黄文秀跟他聊了很多,重点提到他家原先种的砂糖橘。

说到砂糖橘,这个黄哥就唉声叹气:"收成不好,白种。"

"会好的。"黄文秀说,"我们会加强技术

和管理的投入,也会打开销路,砂糖橘产业会好的。"

黄文秀开导他:"黄哥,你这么勤劳,不一定要拿低保才能解决贫困。可以通过小额信贷来发展产业呀,发展产业能脱贫致富。听我的,把你种的砂糖橘重新再搞好。我们百坭村还有八角、油茶等产业。"

"能成吗?"黄哥还是有些犹豫。

"利用小额信贷发展产业,我们有技术人员传授技术,教大家如何管理产业,你只要学会技术,把产业园管理好,达到要求,我就帮你申请产业奖补。我们乐业县的奖补金额还是很高的。二〇一八年的贫困户产业奖补,是分两次给,二〇一八年奖四千元,二〇一九年再补三千元。这七千元钱是奖补,不算在收入内的,你的产业收入是你的产业收入,这些是奖励你勤奋致富的奖金。

"一两年后,你的产业做起来了,就有收入了,收成好的话,一年五六万,甚至十多万都是有可能的,那可是自己挣到的钱哟。有钱了,过上好日子,脱贫致富了,还在意低保吗?咱不要了。"

吱呀一声,紧紧关闭着的木板门打开了。黄哥出来见黄文秀了。

在黄文秀的帮助下,黄哥的积极性被调动起来,申请了小额信贷,发展产业。他又重新开始打理丢下了很久的砂糖橘果园。

黄文秀经常到黄哥的果园去帮忙,指导。

有时候黄文秀还提着一瓶玉米酒,走在田埂上,老远就对黄哥说:"黄哥,我们有空喝一杯哟。"

"好的,喝一杯。"黄哥的声音从田那边传来。

黄文秀和黄哥就这么称起了兄妹。这"兄妹"俩的故事也是黄文秀在百坭村扶贫路上的一段佳话。

一幅地图

百坭村有十一个自然屯,黄文秀想在一个月内走访完百坭村所有的屯。

"这有点悬。"村干部说,"我们百坭村的情况……"

乐业县的地理环境,黄文秀是知道的,以大石山为主,百坭村就在这一大片山区里,那十一个自然屯分散在石头山之中。有好几个屯离村支部都很远,要走十几公里的山路。到了各个屯,要走访贫困户,有些贫困户并不是去一趟就能解决问题,如果遇到不太合作的贫困户,需要在短时间内反复多次去做沟通工作。

黄文秀和村干部一起出发,开摩托车走了一

段山路之后,前面路况不太好,他们把摩托车停在路边,改走小路。山路弯弯细细,穿过大片乱石和杂草丛生的荒野。他们从成片的芒花中穿过,手和脸都被又硬又长的叶子划过,割出好几道细细小小的血口子。

好不容易翻过了一座山,一抬头,前面还是山。

黄文秀和村干部又从山路边的一条斜路走下去。这里树木茂密,抬头只见一片树枝与叶子密织的"天空",阳光被挡在树顶上面。一条河流穿过这处隐秘之地。

潺潺的流水声,清脆的鸟鸣声,掠过树梢的轻风吹动枝头树叶的沙沙声,如同幽林密语在传递。

"路滑,书记要小心脚下。"村干部提醒黄文秀。

"不怕。"黄文秀说着,捡起一根枯树枝,"我有这个。"

深一脚浅一脚地走了很远的山路,大家都很疲惫。过河时,尽管拄着树枝,可是石头太滑了,一脚没踩好,黄文秀滑了一下,整个人一个趔趄,差点倒在河水里。

这一天走下来,天黑时回到村支部宿舍,黄文秀脱下鞋子,脚底已经磨出了好几个疱。脚趾也被湿了的鞋子泡得发白,发皱。

黄文秀在盆里倒上热水,把脚放进热水里泡一泡,把脱开的那些脚皮剪掉,再拿用酒精浸过的针挑破脚底的疱。每挑破一个疱,她都龇着牙压低声音叫一声:"呀——"

连日的走访工作下来,她实在是太累了,每晚回到宿舍刚往椅子上一靠,就打瞌睡,有时还会梦到一直在走路:走在一座吊桥上,吊桥浮在两座山之间的河面上,荡来荡去,荡来荡去,自己站不太稳,也有点害怕,刚想伸手去扶住桥绳,歪了一下,要摔倒时,惊醒了。

接下来黄文秀要走访的一个屯,山路更加难走,比走吊桥还要难走。几乎整座山上都是林立的石尖丛,一些低矮的植物艰难地在石头间找到稀少的泥土生长着,像是点缀。在石头山中的路,可以说不太像路,只是在有些山势稍缓的地方用石头铺一下而已，很多路段都隐在石头丛中，走这条路的人自己寻找可以踩稳的石头或石窝。山太陡峭，出入山中村屯的路横挂在半山中，伸往比较平缓的山地，这样，路就被拉长了好几倍。

好不容易翻过一座山，黄文秀看大家都累得不说话，便说："我老家山也多，路难走。我爷爷经常赶着牛走山路。夏天，太阳大，在山里常听到有些放牛的老伯用壮话这么唱：'滚烫的太阳哟，晒在石头上，你要走过来哟，把你脚底烫得起泡，你要坐下来歇一歇么哟，把屁股烫得开花花。'"

来时乐观的黄文秀，在返回时却沉默了。

她今天走访的这个屯，只有几户人家，就窝在山窝窝里，四面都是高高的石头山。山窝里的地势也不平整，只是没有那么陡峭而已。几户人家在山窝中，依着石山脚，借着一些石块打下木桩，搭起了木板楼。几栋木楼都是红色瓦顶，黑色的木板墙。稍好一点儿的人家，仅有一家建了一间水泥平房。其他人家都是旧瓦顶，破木板墙。

山窝里几乎没有水田，就连泥地也相当稀缺。人们在石头之间刨出一小块一小块地来，种点玉米、蔬菜、瓜果。在石头缝之间，也种有一些芭蕉。屯里头没有平整的路，人们绕着种有粮食的泥地，往能站得稳脚的地方走，反正能回家就成。夹住这个屯的那些石头山，焦黑色的石头裸露着，就像板着脸的石头怪，只有些许柴草勉强在它那张脸的皱纹缝里生长出来。

小小的一个屯被几座巨大的石头山夹着。黄文秀被眼前的景象震惊了。

她每走访一个屯，都会在笔记本上做详细记录。在记录这个屯的情况时，她的心情格外沉重。

在她的工作笔记上，已经记录有那赖、百爱、百果、者乐、那洋、长沙等这些屯的名字。当第十一个屯的名字在工作笔记中写下时，黄文秀笑了。她终于把百坭村十一个自然屯走访完了。

看着工作笔记本上写的这些屯名和工作记录，黄文秀突然间好像有一种错觉，自己仿佛也飞翔在百坭村的山峦之上，贴着山野低飞，她走过的山路、村屯赫然展现在面前。有她的脚印的地方，形成一幅神奇的地图。

这幅神奇的地图就是黄文秀绘的百坭村贫困户分布图。黄文秀每到一个屯，走访完屯里的贫困户，都会在工作笔记中详细记录，用简易线条和点，展现村屯、山林、田野、山路、河流，并标注各屯每一个贫困户的具体地址、人员、家庭成员、经济状况等。

这幅地图，其实绘制得也很简单，甚至看起来还有些粗糙。但就是这简单的一幅地图，浓缩了整个百坭村的山山水水。扩展开来，那地图上短短的一条线，小小的一个点，其实就是翻过一座山的行程，就是黄文秀和同事们在山路上行走的大半天。地图上微如发丝的一条线，是一条绕着高山奔流的河流，其中隐藏着无数危险，当然也有自然风光。地图上那一个小圆圈，其实就是一个屯，炊烟笼罩着的瓦屋里，居住着十来户人，在烟火中演绎着不同的人生，各自品尝着生活的酸甜苦辣。地图上小小的一个符号，就是一户人家,正在生活中努力前行,或许在承受着苦难……

在黄文秀眼里,这幅地图上的不只是线条与符号,更是家园,是她到百坭村来所走过的扶贫之路,也是百坭村将来的富裕之路。

寻找致富带头人

百坭村的傍晚，暮色张开怀抱，把成片的山峦拥入暗沉的怀中。挤在河边的村庄，零星亮着数盏灯火。青蛙开始轻试嗓音，等夜色更浓一些后，它们就会高声唱响。

村支部办公室里安安静静的，村干部们都下班回家了。黄文秀还在办公室里，这个周末，她又没回家，仍留在百坭村加班。晚饭就是一包方便面，匆匆吃完，她又继续细细查看那一堆文件。

这些天，黄文秀一直在百坭村的群众中寻找致富带头人的人选。她觉得，百坭村的经济要发展起来，还是要做产业，而产业要做起来，就得培养几个骨干当带头人。

看完这一堆文件,她在笔记本上写下几个名字,在第一位的是班统茂。

第二天,黄文秀开车和村干部一起去那用屯,找班统茂。那用屯是百坭村较为偏远的一个屯,离村支部很远,山路弯弯,很不好走。

到了屯里,停好车下来,屯里人听说他们来找班统茂,就说:"班统茂不在家哟。"

"他去哪儿了?"黄文秀问。

"听说好像要去什么地方打工……"村里有个阿妈想了想,小声说,她也不确定这是不是真的。

班统茂还年轻,又要挣钱养家,黄文秀觉得他想外出打工是有可能的。得赶紧找到他,不过,就算他外出打工,也要追出去找到他。

黄文秀来到班统茂家,跟他家里人打听到,他还没去打工,只是到山上干活儿去了,可能一时半会儿还不会回来。

黄文秀当下就决定,去山上找他。

班统茂在山上开了一小片地,准备种点粗粮

或其他农作物。

"班统茂。"黄文秀跟他打招呼。

"书记。"班统茂是个憨厚的人,不善于言辞。

"我是专门来找你的。"黄文秀说,"我想把砂糖橘产业再做起来,你来当致富带头人吧。"

"我不能当。"班统茂立即拒绝。

"你的情况我了解过了。你曾经是百坭村的贫困户,但是你努力,上进。二〇一四年,村干部动员你种植砂糖橘,有国家政策支持,你腾出了一部分土地来种植砂糖橘,镇政府提供砂糖橘树苗。三年后,你种植的砂糖橘树开始有收成,还不错。你还曾经带动你们屯的好几户村民一同种植砂糖橘,帮助大家。"

"唉!"班统茂叹了一口气,"后来,有一些果树染了病,果子产量少,样子也不好看,果收下来一些,也卖不到钱,还赔了。有些人干脆把大片果树放着,不管了。"

黄文秀说:"这些问题都能解决。去看看你的果林吧。"

班统茂和黄文秀下山,到果林一看,大部分果树长势不太好。走在果林中,班统茂的心情沉重,看着这些果树,他不太相信砂糖橘这个产业还能搞得起来。

黄文秀去看过别处的果树,相比之下,班统茂家的果树还算是不错的,有些人的果树下早已杂草丛生,满树长虫。

"从外面通到我们那用屯的路难走,路不好,车难通,果子运不出去。收果的季节一过,果子全部掉在地上,卖不掉,我们还是赔呀。"班统茂还是不想冒险。

黄文秀理解他的担忧。

天黑时分,黄文秀从那用屯回来,带回一身泥巴和疲惫。这次是无功而返!

黄文秀想过,要在百坭村把砂糖橘产业发展起来,必须解决以下几个症结:缺乏专业的技术与护理知识,打不开市场,交通不便。班统茂顾虑的也是这些,如果这些问题都能解决,他就会重拾信心。

黄文秀相信他是一个想做事业的人。于是,

过了些天,黄文秀又开车走了几个小时的山路,去那用屯找班统茂。

"我找到了资金,也联系到种砂糖橘的专家、技术人员,我会请专家来百坭村指导大家如何种果树,管理果树,这些知识学到了就是财富。还有,砂糖橘的销售市场我也保证找到,我能打通销路。关于那用屯的道路硬化,我会交申请,很快就会批复。"黄文秀跟班统茂说。

班统茂正在修理一件农具,他仍在犹豫着。

黄文秀让他想好了就给她打电话。一连好些天,黄文秀也没接到班统茂的电话。

不行,还得去找他。黄文秀又要再去一次那用屯。

这次天气不太好,下过雨,山路泥泞,村干部开摩托车载她去的那用屯。

班统茂那时正在家里,刚吃过饭,突然看到满身泥浆的黄文秀和村干部出现在家门口,他们的摩托车和雨鞋上也都是泥浆。

"书记……"班统茂赶紧把他们请进屋来,"你们也吃点吧。"

"不用。"黄文秀摆摆手，现在吃饭事小，说服班统茂做致富带头人才是头等大事。

"我到百坭村来的这些日子里，就想着如何开展一些长远可行的产业项目，以便能留住更多农村青壮年劳动力，让我们百坭村越来越好。从此百坭村不再有空巢老人，不再有留守儿童。大家都能回自己的家乡做事业，幸福团圆，安居乐业。请你相信我，我们一起努力把砂糖橘产业做起来。"黄文秀说的这番话，让班统茂听得心窝里暖暖的。

"有你把那用屯带动起来，我再找几个像你一样能干的人做致富带头人，在你们的带动下，我们百坭村的经济就活了。"黄文秀说。

"好吧。"班统茂终于被黄文秀的执着与诚意打动。

黄文秀请来了专家为百坭村的砂糖橘把脉。百坭村的果农们有技术人员指导，学习如何种植、护理、管理、施肥、松土、打土，等等。

在班统茂的带领下，那用屯又有几户人家开始种砂糖橘，果林又增加了好几百亩。

原来那满山荒废的砂糖橘树,又焕发了生机。砂糖橘树得到很好的护理,挂果很多,且长得丰润饱满,果子的色泽也特别好看。

当红红的果子挂满枝头时,人们看着果实累累,心里欢喜,然而却又隐隐担忧着。

有些村民去问班统茂:"这些果子真能卖得出去吗?"

"相信书记。"班统茂说。

就在大家都担忧时,有村民回来报喜:"书记来了——还带来了很长的车。"

果然,大卡车一辆一辆开进村来,把村里的道路塞得满满当当。黄文秀还带来了几个客商。

村民们悬着的心总算是可以放下来了。

全村人行动起来,一起摘果。黄文秀也和村民们一起去果园摘果,用背篓背着橘子下山。

"书记,这果太沉了,你别背,让我们来就行了。"班统茂跟黄文秀说。

"我可以。"黄文秀背起橘子就走。

村干部们也一同上阵,摘果,背果,这是忙碌而又欢喜的日子。

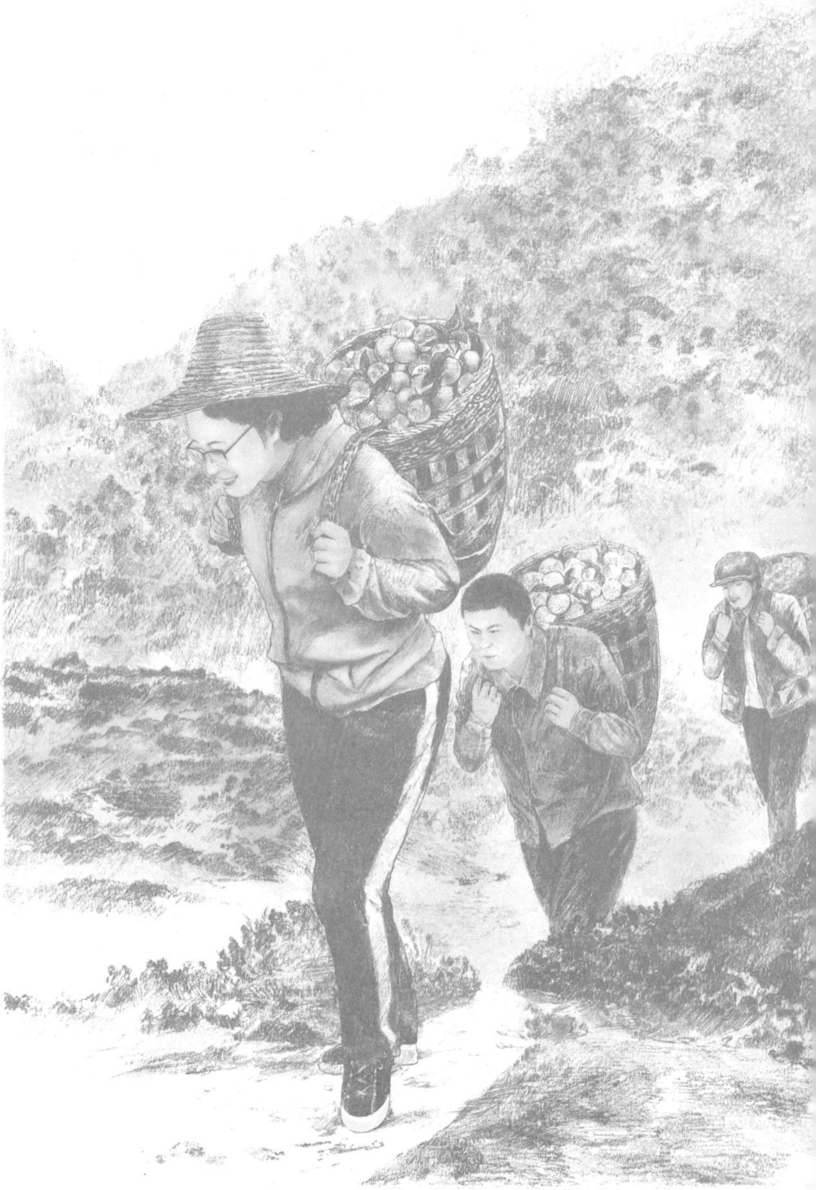

这是一场大丰收！水果卖出去，果农们就拿到了钱。全村沸腾了。

班统茂家这次收入有十几万，他家靠着这一片果园，终于成功摘掉了"贫困帽"。这是他们一家终生难忘的一年。后来，跟班统茂一起干的村民有几家卖砂糖橘的收入也很可观。

班统茂仍记得，黄文秀那次冒雨到他家里找他，动员他做致富带头人，那满身泥浆还有汗水的样子。

蜜蜂飞舞

　　百坭村的砂糖橘树开花了,连绵的绿色果树上托着一片花海。

　　阳光下,花浪荡漾,芳香四溢。在这个季节里,百坭村的风都带着花的香气。

　　黄文秀穿过果林,衣服上沾了些许花粉,一只小蜜蜂跟着花香穷追不舍,一直绕着她飞,停在她的肩膀上。

　　黄文秀站在原地,不敢惊动蜜蜂,她以前被蜜蜂蜇过手指,可痛了。

　　"蜜蜂蜜蜂,我又不是花。花在树上呢。"黄文秀小声跟蜜蜂说。

　　而此时,黄文秀才发现,成群成群的蜜蜂流

连于花海，忙着采蜜。

"居然有那么多蜜蜂。"黄文秀也吃惊了，想必是花香随风飘去很远，空气中都是花香，引来了成群的蜜蜂。

看着飞舞的蜜蜂，黄文秀突然冒出一个想法：养蜂。

对，养蜂。百坭村山多，有各种开花的植物，现在有砂糖橘产业，好几亩的花海，不就是最好的蜜源吗？种果树，同时养蜂，配套产业也能为一些贫困户增加收入。

黄文秀也知道，想在百坭村发展养蜂产业，就要学习专业的养蜂知识。可是，到哪里去找专业的养蜂人呢？黄文秀又苦恼了，托朋友帮忙打听，自己也在网上搜了一下，想看看百色有哪些地方搞养蜂产业，找个时间去考察、学习。

不久之后，黄文秀正在下乡的路上，接到一个电话，这个电话恰恰就为黄文秀解了燃眉之急。

这个电话是翁乐村的书记陈名持打来的。

"文秀，听说你也想养蜂？"陈名持书记问

黄文秀。

"是呀，不过，我不懂怎么养蜂。"黄文秀发愁着呢。

"张芹维书记那里不是有养蜂产业吗？"陈名持书记提醒她。

"对呀。"黄文秀想起来了，张芹维在百色乐业县新化镇皈里村驻村扶贫。皈里村有四小产业，养蜂产业是其中一项。

"我要去向他取经。"黄文秀说。

"正好，他给我打电话，皈里村开展蜜蜂示范养殖，要邀请几个村的书记到他们那里考察，我一听说你也想养蜂，就赶紧给你打这个电话。"陈名持书记说。

陈名持书记来接黄文秀，和几个第一书记一起到皈里村考察。

皈里村有枇杷、柑橘等果树，大片花海是蜜蜂的蜜源，也是皈里村养蜂产业的一片富足的宝藏。养蜂产业是皈里村初步规划的，正处在起步阶段，在张芹维书记的带领下，已经取得了不错的成效。村民们看到养蜂所带来的收益，也有了动力,陆续行动起来。

张芹维书记和养蜂基地的技术人员一起陪黄文秀他们参观蜂场。

在一片山野地中,一个个木箱子安放在树丛中,蜜蜂自由飞舞,风中传来一阵嗡嗡声。

这就是蜜蜂的村庄。

"蜜蜂住的吊脚楼。"黄文秀看着这些蜂房,忍不住感叹。

大家都说:"蜜蜂的居住环境真好。"

"听说蜜蜂可能飞了,一天能飞一百多公里。"

"可能有些就飞到我们百坭村去了。砂糖橘树开花的时候,我看到好多陌生的蜜蜂。"黄文秀笑着说,"下次我再看到陌生的蜜蜂,我得问一声'你们是不是从皈里村来的呀',留在我们百坭村吧,我也给你们在果林附近建一个蜜蜂的村庄。"

"别看蜜蜂小,的确很能飞,不过,蜜蜂住在蜜源充足的地方,就不会飞那么远。如果蜜源少,蜜蜂就会扩大采蜜范围。"张芹维书记说。

"产出来的蜂蜜口感一定很好,也算是野生蜂蜜了。"有人说。

　　站在蜜蜂的村庄里，黄文秀对百坭村发展养蜂产业也有了信心。现在已经有砂糖橘产业，还有茶树和其他果树，和皈里村一样，拥有足够的花源，可为蜜蜂提供充足的蜜源。接下来，还会有很多村民种砂糖橘以及其他果树。

　　"我们这里气候好，一年四季都有花开，蜜蜂不缺蜜源。百坭村想养蜂，我看行。"

　　"冬天，在花源有所减少的时候，给蜜蜂留些蜂蜜，为蜜蜂提供些过冬的'粮食'就可以了。"

　　大家都鼓励黄文秀在百坭村把养蜂产业搞起来。

　　蜜蜂看上去毛茸茸的，尤其在花丛中劳动着的蜜蜂，又美又乖又可爱，但是乖宝宝一样的蜜蜂也会蜇人。

　　"各位书记，小心，蜜蜂那小小的蜂针可是带毒的。"张芹维书记叮嘱大家。

　　"蜜蜂还是很温顺的，只要不刺激它们，它们轻易不会蜇人，毕竟蜜蜂蜇了人自己也会死去。"技术人员也安抚大家，让大家不必过于紧张。

在乡村生活过的人，估计十有八九都被蜜蜂蜇过或看到别人被蜂蜇。

在蜜蜂飞舞的蜂棚里，大家说着蜜蜂蜇人的故事。

"有人被蜜蜂蜇到了下巴，肿成小馒头。"

"村里有个人去捉蜂，两边腮帮子被蜜蜂蜇了，嘴里像含了两只橄榄。"

"有人的额头被蜜蜂蜇了，肿起来的包又圆又亮，像长了一个西红柿。"

大家说说笑笑着，气氛也轻松起来，没那么紧张了。

陈名持书记问黄文秀："文秀，你怕不怕？"

"我不怕。"黄文秀笑着说，"我现在想养蜂，在我眼里，这些蜜蜂全都是可爱的乖宝宝。"

"那等会儿看你敢不敢从蜂群里看蜂后，拿蜜蜂。"张芹维书记说。

"当然敢。"黄文秀说。

其实，进入蜂棚的每个人都全副武装，戴着纱帽、橡胶手套，穿着防护衣，如果不是故意想让蜜蜂蜇，蜜蜂是很难蜇得着的。

黄文秀为了能学到更多的养蜂知识，每一个技术环节她都不想错过，她要珍惜每一个学习的机会，希望学会更多知识，回去之后可以教百坭村的村民养蜂。她走在蜂群中，在技术人员的引领下，观看蜂巢，认真听讲解，还要亲自上阵，学习分蜂操作。

"这么多蜜蜂，怎么知道哪只是蜂后？"黄文秀看着蜂巢里那密密麻麻的蜜蜂，还真不知道哪只是蜂后。

"蜂后的腹部比其他蜜蜂要长很多，翅羽只覆盖腹部的一半，它的足不像工蜂那么粗壮，后足没有花粉筐，在蜂群中还是很好辨认的。"技术人员说，"还有一个办法能很快从蜂群中找到蜂后。蜂后怕光，取出巢脾，把巢脾提起对着阳光，蜂后会快速往背光处爬。"

黄文秀盯着成群的蜜蜂看，很快她就找到了蜂后："哈哈，找到你了，长腰翅膀短的是蜂后。"

在技术人员教他们如何分蜂时，黄文秀大胆地拿起一个小蜂盒，有蜜蜂钻进钻出，蜜蜂甚至还停在她的指尖上。

"看呀,那金黄色的翅膀,闪着光彩,真是美呀!我要在百坭村养蜂,与蜜蜂共舞。"黄文秀把蜂盒举起来,凝望着蜜蜂。她笑得特别开心,像一朵灿烂的花。那花一样的笑容,仿佛就是她为蜜蜂盛开的一片花海。

特别的晚餐

通往长沙屯的那条泥路,晴天还好,一到雨天,仿佛就化身成坏脾气的怪物,全是烂泥坑,人走过来抱人的脚,车开过来挡车的轮子,总之,谁都别想好好从这条路上走过去。

这不,黄文秀的车子就被这泥泞的路给纠缠住了,暂时停在一处泥浆里。

"好好的天,走到一半路就下雨。"黄文秀看着这条路,着急呀,这时候想往前走不好走,想往后退,那是不可能的,今天必须去长沙屯走访贫困户。

"路滑,要不下车走路吧。"有同行的村干部建议。

走每一步都很艰难,脚一抬起来,只有脚板出来,鞋被吸进泥巴深处,只能弯着腰,双手在泥里摸好久,才能把泥鞋子掏出来。

大家默默地看着。

下车走过去是不现实的。

"书记,能开吗?"村干部问。

"我试试。"黄文秀沉着地深呼吸。

车子启动,慢慢往前挪动,一点儿一点儿,一点儿又一点儿,车子终于走完了那条泥泞的路,安全到达长沙屯的村口。黄文秀松了一口气,刚才她一直屏着呼吸担心车轮打滑。

一行人走在被雨水淋过的村庄,他们依次走访了罗盛放、黄金专等几家贫困户。另外有几家贫困户的户主不在家,有的正好上山务农去了,有的到外头打工去了。

怎么办?黄文秀他们商量之后决定,那些未能走访到的贫困户,就重点在他们家查看住房情况和饮用水问题。

接连检查完这几家,检查结果都达标了。

最后一户是黄仕京家。

"黄仕京——"黄文秀看到他家的门开着,屋顶还冒着炊烟,就知道他家有人在,远远地就打招呼。

一个个子不高,精瘦,皮肤有点黑,眼睛特别亮的男子从屋里走出来。他就是黄仕京。

黄仕京看到他们一行人的鞋子、衣服都沾有泥浆。

黄仕京领他们进屋,赶紧拉过来凳子,招呼大家坐。黄仕京的爱人在厨房,准备做饭,看到大家进来,赶紧把她坐着的一个板凳也递过来。

黄文秀打量着这个家,很简陋,没有什么像样的家具,只有几个板凳,一张桌子,一些放粮食的箩和缸。黄仕京八十四岁的老父亲坐在角落处的一把木椅子上,看到家里有客人来,老人家有些惊喜,一时还不知道说什么,就看着每个人,微笑着,点点头,轻声说着:"坐坐……"

黄文秀看到上了年纪的老爷爷,都觉得像自己的爷爷。

"爷爷好呀。"黄文秀先走到老人面前,双手握住老人家的手,像跟自己爷爷那样亲切地说话。

大家坐下来,跟黄仕京聊天,了解他家的情况。黄文秀拿出笔记本,边问边听边记录。

此时已近傍晚,屋里的光线更暗了,黄仕京看黄文秀戴着眼镜,怕她看不清楚,赶紧给她开灯,顺便看看门外面:"哟,天黑得快了。"

"在我家吃了晚饭再回去吧。工作那么忙,不能饿着肚子再赶那么远的路回去。"黄仕京热情地留他们在他家吃晚饭。

"不了。"黄文秀他们婉言谢绝了他的好意。主要考虑到他们人多,黄仕京家的生活条件不太好,不能把他们家的口粮吃了。

"吃了饭再回。"黄仕京坚持挽留他们。

黄仕京也是坦诚的人,就说家里也没有什么好菜招待,就是家常菜,有自己种的青菜,自己家做的咸菜而已。他们来了,也就是多盛几碗米饭,多摆几双筷子,别客气,别见外。扶贫干部们那么帮助他们,他们从心里感激,希望干部们到家里多坐会儿,多少吃一点儿。

盛情难却,大家就在黄仕京家吃了晚饭。

黄仕京家一共五口人,年纪最长的就是已经八十四岁的老父亲。

黄仕京有一儿一女。说起这两个孩子,黄仕京掩饰不住喜悦:"我们家的生活条件不太好,可是我那两个孩子都很争气,从小就爱学习,成绩不错。现在都在读大学。"

"两个孩子都在上大学呀?"黄文秀为他们家感到高兴。

"真不错。"大家都很高兴。

"在哪里读书呢?"黄文秀问。

"一个在广西民族大学上学。"黄仕京说,"一个刚刚考上广西中医药大学。"

很不错,大家祝贺他们。

只是,这个家里有两个孩子同时上大学,经济压力也是不小的。

细心的黄文秀便关切地说:"家里同时供两个孩子上大学,压力不小。"

"是呀,压力不小。"黄仕京说,"我们家的主要收入就靠我们两口子来挣。平时在家里种植八角,每年收八角能卖点钱。农闲时在外做建筑工挣点钱。就这样做着，挣点钱维持生活，供两个孩子上学。"

这是因学致贫，黄文秀想，如果能在他们孩子的学费上争取到实质性的帮助，这个家的贫困问题也就好解决了。

黄文秀想到了"雨露计划"。"雨露计划"是由扶贫部门通过资助、引导农村贫困户初中、高中毕业生和青壮年劳动力接受学历教育和技能培训，提高扶贫对象的素质，增强就业和创业能力，实现脱贫致富的扶贫培训计划。补助的标准为：对农村贫困家庭子女普通高职高校本科学历教育，每人一次性补助五千元。

黄仕京一家听到这个消息，喜出望外。

黄文秀马上收集他们家的材料。

"我会尽快帮你们申请。"黄文秀跟黄仕京说。

如果能获得"雨露计划"的帮助，无疑为黄仕京家解决了一个很大的问题。

黄仕京的老父亲很激动，不停地跟黄文秀和扶贫干部们说："谢谢党的好政策，为我的孙儿解决学费问题。"

"现在的日子苦一点儿,以后依靠不断的努力,幸福总会到来。"黄文秀跟老人说。

老人家听完黄文秀的这番话,竟激动得哭了起来。"这一切,都感谢党。"老人说。

吃饭期间,黄仕京突然问她:"书记,听大家说你也是大学毕业,还是北京回来的研究生,怎么会想要到这么偏远的农村工作呢?我的孩子以后也会面临找工作的问题,我真的好奇你当初的选择。"

像这样的问题,已经不止一次有人问黄文秀了。黄文秀思考了片刻对他说:"百色是一个集革命老区、少数民族地区、边境地区、大石山区、贫困地区、水库移民区'六位一体'的特殊地区,是全国脱贫攻坚的主战场之一,作为自己的家乡,面对如此情况,怎么还有理由不回来呢?一位世界著名的社会学家说过,'一个国家的落后在于精英的落后,而精英的落后在于嘲笑民众的落后'。我们党深刻明白这个道理,从而提出要教育扶持一批人脱贫,并且扶贫要扶志和扶智相结合,这样一个切实为群众谋发展、谋福利的党,我怎么能不响应其号召呢?"

黄仕京很受感动,端起酒碗向她敬酒。

从黄仕京家回到村支部之后,黄文秀就马上在电脑上填申请表,然后上报到镇里,找有关部门开情况证明等。

办理这些手续,以及等待审批都需要一些时间。黄仕京一家人默默地等了好些天,还没等到所期待的消息,他们有些失望,觉得这是不可能办得到的。有些人就说哪有那么好的事情,从天上掉五千元补助砸到他们家来。也有些人觉得黄文秀可能还太年轻,不靠谱。在有些人看来,这么一大笔钱的事,一定得有人脉,找上级单位本事通天的人帮忙才行。

难道真是竹篮子打水,空欢喜一场?黄仕京心里也嘀咕着。

就在这时,黄文秀给他们带来消息了,黄仕京两个孩子的"雨露计划"申报成功,都一次性获得了五千元的补助。

这笔补助金对于黄仕京家来说,就是一场及

时雨,解了燃眉之急。

"书记,我知道你在大学就入了党,我跟我的女儿说了你的事。她也想像你那样,成为一名党员,她给学校递交了一份入党申请书。"黄仕京找到黄文秀,专门跟她说这件事。

听到黄仕京这么说,黄文秀也很感动,她觉得,如此深情、强烈、真诚、炙热的爱国情怀,应该影响更多年轻人,如同薪火,代代传承。

"我觉得自己的工作能够让群众真切地感受到共产党的好,对我来说是非常大的鼓舞。"

在黄文秀的日记本上写有这样一句话。

我来做个种梦人

正午的那赖屯,火辣的太阳暴晒着整个屯子,路面冒着热气,就连小狗都懒懒地趴在树荫里喘气,村子里很安静。

黄文秀和村干部走在村子里,看到好些人家的门都是关着或虚掩着的。前面就是他们要去的一个贫困户,门开着,屋里却没有人,只有两只母鸡咯嗒咯嗒地叫着,慢慢悠悠地走出来。

村干部看黄文秀走得腿一瘸一瘸的,叫她先歇着,他去找一找户主。

隔壁一家两个小孩子在屋门前的树荫里写作业。大一点儿的女孩有八九岁,头发乱乱的,扎着两个小发团。三四岁的小男孩趴在女孩旁边，含着一块小小的棒棒糖，安静地挨着女孩子的腿。

黄文秀走到树荫里，对他们微笑着，问小女孩："这么勤奋，在做作业吗？"

小女孩只是看着她，没说话。黄文秀在她旁边的小板凳上坐下来，从背包里拿出两块饼干，给姐姐一块，给弟弟一块。他们俩先是看看饼干，又看看黄文秀，很想吃饼干，但又不敢接。

"拿着，姐姐给你们的。"黄文秀微笑着说，"我是在村支部工作的，今天来找你们家旁边的那家人。"

小女孩这才敢接过饼干，给弟弟一块。黄文秀看到她的课本，书页很旧。

"你读几年级了呀？"黄文秀问她。

"三年级。"小女孩说。

"以后想到山外的城里读书吗？比如百色，南宁……"黄文秀问她。

小女孩听到黄文秀说到的这些陌生的城市名字，很吃惊，漠然地摇摇头，说了两个字："不去。"

"为什么?"黄文秀很吃惊。

小女孩看看不远处的山,眼神有些迷茫。

"你最远去过哪些地方?"黄文秀问她。

"我去过我外婆家。"小女孩说,"我外婆家在凌云。"

"去过凌云县城?"黄文秀问她。

小女孩摇摇头说:"不是,我外婆家离县城好远。我去过镇上一次。"

"你以后想去凌云县城或比凌云县城更远的地方读书吗?"黄文秀问她。

小女孩歪着头想了一会儿,还是摇头:"不想。"

那个小女孩的眼神和表情深深地印在黄文秀的脑海里,她每每想起,心里便有丝丝疼痛。小女孩说不想,可能是不敢想。一直被困在家乡这片山地里,她根本不知道如何越过面前那些山峦。

如果山里的这些孩子从小就没有梦想,长大之后,实在让人担忧。

黄文秀觉得,应该为孩子们做些什么。

成为一名教师是黄文秀在中学时代就有的梦想。她想像她的老师那样，站在讲台上，给每个年少的孩子种下梦想的种子，引领他们带着梦想在广阔的天空飞翔。虽然没有成为一名教师，但她想她可以成为种梦人，为山里的孩子们种下梦想的种子。

从那时起，黄文秀便特别关注百坭村的孩子，经常跟他们聊天，想走近他们，想知道他们想什么，想成为他们的朋友，想在他们的心里种下一个梦。

早上，村子里的孩子早早就结伴上学，他们总能遇到早起的黄文秀。

"文秀姐姐好。"孩子们都喜欢她。

晨雾还严严实实地笼罩着天空与山林，还有村庄，村子还带着睡意，黄文秀就已经沿着村里的小路散步了。早晨的风能够醒神，整个人都会变得更加头精眼明，有充沛的精力开启一天的工作。

黄文秀在路上走着，会遇到背着背篓赶早到山上摘茶叶的壮家大嫂，还会遇到赶牛的老大爷。有些阿妈已经起来,在门口的水龙头接水,准备生火做饭。有些阿妈则提起篮子,到菜地去摘菜,被夜露打过的菜芽特别甘甜清香。

一路上,黄文秀跟遇到的每一个人打招呼,陪着走一走,这么走着走着,就走到村子外面的那一条河流边。河流上面架着一座高高的旧桥,站在桥上,视野稍微开阔一些,顺着河流下游远望,能看到更远的山峦。

晨风吹拂,河水潺潺。

孩子们在晨曦中背着书包,三五成群结伴上学。走在村间路上的他们,就像一群早起的小鸟那般,小跑着,叽叽喳喳地说着话。

这是百坭村的早晨,愉快,美好,充满生机。

看着孩子们从身边走过,在他们充满稚气的笑语声中目送着他们的身影走远,黄文秀不由得想起,小时候的自己也是像他们那样,背着书包和大哥、姐姐一起从田间小路走过,去学校……

那时的童年时光,想起来,都是浓浓的幸福感!

无论哪个年代,无论是山里还是山外的孩子,都那么天真可爱。

只是，每当黄文秀翻山越岭深入山中的村落去走访贫困户出来，她都有些担忧，站在村头，看着那重重叠叠的山峦，眉头便皱了起来。

百坭村被高高的石头山重重围住，那些山，无疑是一堵堵高墙，把山里的人困在深山林里。有些人的思维也像这高山一样，牢牢把自己困在里面，他们困在陈旧的老观念里，就很难走出贫困，只能被动地盼着别人给予帮助。黄文秀意识到，扶贫工作不仅仅是在物质上给予帮助，更重要的还是要在观念上灌入新的活力，让村民们发挥积极主动性，要让他们看到未来，看到希望，有梦想。

然而，重中之重的是山村里的孩子，每个孩子都应该拥有彩色的梦想。我要尽最大的努力给更多孩子种下梦想的种子，黄文秀暗想。

每到一个屯，每见到背着书包的孩子，黄文秀都特意放慢脚步，跟孩子们说说话，跟他们说说山外面的城市，山外面的学校，激发他们的好奇心，引导他们学会越过高山的屏障，把目光投往更广阔的天空。

黄文秀有好几本印有母校校名的笔记本，遇到喜欢写作的孩子，她就把笔记本送给他们，跟他们说："这是我的母校。"黄文秀跟孩子们说起母校时，心里充满了自豪感："我希望，将来你们也能到北京师范大学读书。到上海或其他城市去读书。"

"哇。"拿到笔记本的孩子，目光落在校名那几个字上，看了又看。

黄文秀从孩子们的眼神中看到了希望，每个孩子的眼睛里都有一对翅膀，带着求学的梦想，正在飞往想象中的远方。

"可是，我可以吗？"孩子们还是有点不够自信。

"我出生在巴别乡，比百坭村还要偏僻、贫穷。后来，我上学了，感谢我的老师，在我的心里种下了梦想的种子。在我的成长岁月中，种子发芽，成长，终于有一天，我的梦想成真了。你当然也可以。"黄文秀说，"把梦想的种子种在心里，并为此努力，总有一天，梦想就会成真。"

有一个叫小富的男孩也得到了一个笔记本，他相当珍惜。有一天，这个个子高高，皮肤有些黑的男孩子告诉黄文秀："我也像你一样喜欢写作文。我在这个本子上写作文了。"

黄文秀接过他的本子，翻看他写的作文，给予他鼓励："写得真好！"

"我也想长大以后能考到北京师范大学去读书。"小富有些羞涩，声音有些小，但目光是坚定的。

黄文秀知道，在这个孩子的心里，已经种下了一个梦想。那一瞬间，黄文秀的内心无比感动，她感觉到了做一个种梦人的意义。

她相信，以后还会有很多梦想的种子种在百坭村每一个孩子的心中……

彩色树

有一个勤劳善良的壮家女孩,在森林里见到了彩色树,她许了一个愿,于是她找到世界上最美的色彩,染出色彩缤纷的纱线,织出繁花盛开的壮锦,做出最美丽的衣裳。幸运的人,许一个愿望,就会实现。

这是黄文秀小时候听到的民间故事,故事里的那棵彩色树成为她渴望拥有的梦想,彩色的梦曾经照亮了她的整个童年,也温暖了她的整个童年。故事里的女孩,仿佛就是她。这个故事在许多村庄里流传,是从一代又一代人的口中传下来的,凝结了不同时代、不同村庄、不同年龄女孩们的愿望,每个愿望都闪着光亮,或许这个民间传说本身就已经幻化成了那棵彩色树。

小时候，黄文秀相信传说中存在的彩色树，现在她依然相信。乐业有那么多天坑，天坑下面还有神秘的原始森林，她希望在那片森林里有传说中的彩色树。如果哪一天，她在乐业的森林里见到彩色树，她会许一个愿，希望百坭村的孩子们都有彩色的童年，有彩色的心愿，做彩色的梦，将来有彩色的人生。

长大后，仍然有一颗童心的人是幸运的，黄文秀对着夜空说了一声"谢谢"，希望这一声"谢谢"通过浩瀚而神秘的夜空穿越时光，传达到彩色树传说最初开始的地方。

然而，有一天，一个小孩子的回答却让黄文秀受到了一点点打击。

黄文秀在路上遇到几个放学回来的小孩，有两三个她早就认识的，那些认识她的孩子见到她就围了过来，兴奋地跟她说自己最近的新梦想。有些孩子原来想去南宁或桂林读书的，昨天刚知道了天津或西安，于是又更改了地名。黄文秀乐呵呵地听着，八九岁的小孩子嘛，梦想频频变更也是很正常的。

有一个小男孩站在旁边看着他们，时不时扭头往别处看，轻轻发出笑声，在他看来，他们都很幼稚。

黄文秀留意到了他，问他："你呢？你将来想去哪个城市上大学？"

"读大学的事还远着呢。现在先想着把数学学好，期末考试能把成绩考好再说。如果数学还只考三四十分，上大学的梦做了也白做。到高考落榜的时候，想想小时候做的上大学的梦，只会伤心难过。"小男孩人小小的，说起话来可是老成得很。

黄文秀不由得反思了一下，觉得也是，未来的梦想当然要有，只是那实实在在是太遥远了，也许有些小孩子在成长的过程中，长着长着就把这个梦想忘记了，长着长着就放弃了小时候的梦想。应该让孩子们有些近期的心愿，并且还不太难实现。

民间传说很美，但也不能只沉迷于传说，等待传说来访，在享受美好传说的同时，要去创造传奇，成为传说。现在黄文秀要把孩子们的小心愿收集起来，时不时地给他们一个惊喜，让他们实现一些愿望。

黄文秀的朋友成明和一些扶贫干部正在为贫困户的孩子们做一些事，做了一面许愿墙。他们收集了不少孩子们许下的愿望，比如有的孩子想有一本词典，有的孩子想有一盒三十六种色彩的画笔，有的孩子很想有一个新书包，有的孩子很想有一本《十万个为什么》或《百科全书》，有的孩子想有一双冬天穿的暖鞋，等等。他们把这些愿望写在纸上，贴到许愿墙上，社会上有些热心于公益事业的爱心人士，以及一些企业会给予赞助或捐赠。他们再把这些礼物一一送到孩子们的手中，为他们圆了心愿。

黄文秀从中得到启发，也为百坭村的孩子们做了一个许愿箱。

"也给我们百坭村的孩子们一些礼物哟，为他们圆一圆心愿。"黄文秀跟成明说。

成明说："当然可以，这些礼物本来就是为贫困山区的孩子们准备的。"

黄文秀再遇到孩子们时，就在与他们聊天的间隙巧妙地探知他们心里的愿望，把他们或许喜欢的、渴望拥有的东西悄悄记下来。这些孩子有的喜欢羽毛球，有的喜欢乒乓球，有的喜欢球拍和毽子，有的很想尝一尝巧克力的味道，有的很想有一个带铅笔刀的文具盒，有的很想看课外书，有的很想到黄文秀说的百色的书店或图书馆去看书。

空闲下来的时候，黄文秀看看本子里收集好的这些愿望，不由得想起小时候的自己。

黄文秀上小学二年级的时候，班上有个同学带了一个布娃娃，那个布娃娃有长头发，还穿着小小的裙子。女生们可喜欢了。黄文秀也喜欢，然而，她知道买一个布娃娃得花不少钱。她没钱买。

黄文秀手巧，跟着奶奶、妈妈还有姐姐做针线活，她要自己动手做一个布娃娃。

黄文秀慢慢地收集了不少布片、布角、布条子，用这些碎布做了一个布娃娃。布娃娃里面填充的是余甘果树的叶子，晒干了的叶子，有一股天然的香味。她用毛线给布娃娃做了头发,还给布娃娃穿用碎布条缝制的花裙子,头发上还别有好看的蝴蝶结。布娃娃还有一双鞋面上绣了一点点小花的布鞋,像她小时候奶奶给她做的花布鞋。

后来,有同学带课外书到学校来。

拥有一本课外书,也是黄文秀的梦想,只是,那时她也没有钱买课外书看。课外书可不像布娃娃,自己做不出来,只能暗暗羡慕有课外书的同学。

在百坭村扶贫的日子里,每当看到那些孩子渴望拥有一本书或一支笔的眼神时,黄文秀的心就莫名地被牵动。她仿佛看到小时候的自己,小时候的大哥和姐姐。

想到这儿,黄文秀就想尽快把这些孩子的小心愿圆了。

一个周末,黄文秀回百色,去成明那里取了一些学习用具、体育器材、课外书,自己又到街上去购买了一部分,装起来也有满满一纸箱。

黄文秀提着这个沉甸甸的纸箱,这是一纸

箱的礼物，也是一纸箱的愿望，更是一纸箱的惊喜。

下次再到屯里去走访工作，黄文秀就把礼物带上，要给孩子们一个大大的惊喜，想到孩子们惊喜与欢乐的表情，黄文秀都要笑出声来了。

其实，在孩子们的眼里，黄文秀就是传说中的彩色树。

牛铃声已远去

黄文秀第一次见到黄妈南时,有那么一瞬间以为看到了自己的奶奶。

走在前面的那位老人和奶奶一样,也是走路慢慢的。先伸出脚去尝试着探准了路,再走,看上去有些吃力,看得出,她的视力有点问题。

"小心。"黄文秀看她一脚踩下去,身体歪了一下,担心她会摔倒,快步跟上去,一把挽住老人家的手,一手把她提的竹篮子接过来,帮她提着。

黄文秀伸手扶住老人的时候,老人愣了一下,觉得她的声音很陌生。她也能模糊看到黄文秀的样子,努力想着这个姑娘是谁,好像不是他们屯的,也好像不是亲戚。

"你是哪一个?"老人问黄文秀。

"我叫黄文秀,刚来百坭村工作没多久。"黄文秀告诉她。"是在我们百坭工作的呀?"老人家拍拍黄文秀的手,微笑着说,"好心肠呀,见我走路走不稳,好心扶我。我还以为是我们屯的人,或者是我们家的亲戚来了,我想呀想呀,就是觉得没见过。"

"您这是去哪里?"黄文秀问她。

"我刚摘完菜,现在要回家。"黄妈南说着眨眨眼睛。

黄文秀提着她的菜篮,挽着她回家。

"我慢慢走也能走回家的,去自己家,路走熟了。"黄妈南不太好意思麻烦她。

"没事,我也在村里走走,散步。"黄文秀说。

有村民认出黄文秀:"书记好。"

"好。"黄文秀也爽朗地与村民打招呼。

"妈南,这是我们百坭村新来的第一书记,文秀书记。"村民告诉黄妈南。

"我们的书记?"黄妈南一听,激动地拍拍黄文秀的手,"书记呀,怎么好要书记帮我提东西,又扶我回家呀!"

"没事,叫我文秀就好了。"黄文秀笑着说,"我经常这样挽着我奶奶走路。"

"真是好孙女,你奶奶有福气哟。"黄妈南说。前面就是黄妈南的家了,黄文秀扶她进屋。黄妈南招呼她坐,黄文秀便坐下来跟她说说话。

黄妈南穿着灰黑色的斜襟粗布衫,黑色裤子,虽是粗布旧衣,却洗得很干净。天然微卷的短发,多半已经发白,全都拢到脑后,扎起,整齐而不乱。修长的脸形,透出年轻时的模样,面相善良,说话也是轻声软语,听声音就知道是一个好性格的人。她眼睛有些问题,视力不是很好。她的孩子在外头打工,平日里多是一个人在家生活。现在,儿媳妇正好在家,生活上有人照顾。

从黄妈南家里出来,黄文秀又想起奶奶,有些心酸,如果奶奶还活着该多好呀,她还想挽着奶奶走路。她一直在外面读书,能陪在奶奶身边照顾奶奶的时间很少很少,黄文秀每每想起,总是深感遗憾。黄文秀在北师大上学的时候,奶奶就已经病重，腿肿得几乎站不起来。黄文秀回家，帮奶奶擦身，洗腿，把奶奶的脚抱在怀里，帮她揉脚。奶奶的腿和脚都很肿，皮鼓鼓的，泛出一种水亮亮的光，十只脚趾也肿得像结在树上的果子。黄文秀的手轻轻地揉，生怕一用力就把奶奶的脚皮弄破，也怕把奶奶弄疼。奶奶走路艰难，总是在床上坐着躺着，时间长了，难免周身酸痛，腿还麻。黄文秀时不时扶奶奶在屋里慢慢走，慢慢走，就像小时候自己刚学走路那会儿，奶奶也牵着她的小手，扶着她慢慢走，慢慢走。

黄文秀曾以为，还可以扶着奶奶走很久，没想到，自己还没毕业，奶奶就去世了。

爸爸抹着眼泪告诉她："奶奶也知道自己病重，可是，她还想活久一点儿，想活到你大学毕业，看你找到工作，看你成家，看你有孩子……"

奶奶去世也有两三年了，黄文秀却总觉得奶奶好像还在，一回家，仿佛就看到奶奶坐在门前的小板凳上拣豆子。当稻谷成熟，人们收割时，她仿佛还看到奶奶和妈妈、大哥、姐姐，还有自己一起提着竹箩在田野间拾谷。过年过节的时候，她仿佛还看到奶奶在家里做五色糯米饭，包彩色糯米粽。黄文秀总能想起幼年浅浅的记忆里，奶奶抱着她，轻轻地唱着壮家歌谣，逗她笑，哄她睡觉。有时候，听到别人家的奶奶叫人家的娃"碟俏"时，总以为是奶奶在叫她，她便在心里答一声：哎。

回忆起从前的点点滴滴，黄文秀的眼窝湿湿的。

从那以后，黄文秀常到黄妈南家坐坐，陪她说说话，帮她剥玉米，做些家务活。黄妈南总是跟人们说，文秀书记一到家里来就帮她做事，就像她的女儿一样勤快，照顾她。

黄文秀的奶奶不在了，爷爷还在巴别乡老家生活着。只是，想起爷爷，黄文秀又感愧疚，她现在依然没有时间在爷爷面前尽孝。如今，到百坭村来工作，别说回巴别乡老家，就连回田阳看爸爸妈妈的时间都很少很少。

得找时间回老家看看爷爷，黄文秀总会在心里这样想。

只是一天又一天，一天又一天，她依然忙碌

着,无数个周末都走在百坭村的山野上……

二〇一九年五月,爷爷去世了,黄文秀回到巴别乡做最后的送别。

爷爷住到山上去了,从此沉睡于深深的泥土之下。

黄文秀站在弯弯的山路中,这是爷爷曾经赶着牛走过的路。爷爷的大半生这样度过:早晨,赶着一群牛,从薄雾笼罩的村庄出来,走在细细的泥石路上,朝石头山中而去。牛铃声声,在晨风中轻轻地飘着,叮叮……当当……老人背着背篓,挂着腰刀,走在牛群后头。傍晚时分,老人又从山里赶着牛,踏着夕阳的余晖穿过山谷中的崎岖小道,带着一身疲惫回到暮色浓重的村庄。

如今,爷爷走了,牛铃声也已远去……

"再见,爷爷。"黄文秀远望着山峦,再道一声别。

从那之后,黄文秀每次下乡,无论是在村子里也好,在山野里也好,只要看到村里的老人她总会放慢脚步,跟他们说说话,或帮忙做点什么,哪怕只是默默地看着他们的背影陪着走一走。

大雨来临

二〇一九年,广西自春季开始就雨水不断,尤其是进入五月份之后,多地遭受强降雨袭击,洪涝灾害已造成全区十多万人受灾,也有人因洪灾而遇难。

百坭村,大雨一直下。

偶尔雨停的时候,天空总有云团堆积着,或有云块盖着,百坭村的高山已经被重重浓雾锁了多日。

"这雨要下到什么时候?"黄文秀忧心忡忡,现在的天空就像是装满了水,随时都会裂开一道口子把水倒下来。

村子旁边的那条河,往日水质清澈,流水

如歌，绕着山脚、田野，一路低吟浅唱，是环绕百坭村的一道风景。大雨持续多日之后，暴涨的河水被山泥染成土黄色，一路怪叫着奔流而去，汹涌的河水把河岸边的树木、石块推翻，席卷而去，仿佛在默默蓄谋着去搞更大的破坏。

已有多个屯出现农田被淹的情况，农田、道路还有群众的住房都有不同程度的损失。

有经验的村民说："年年雨天，都有塌方。"

黄文秀查看了天气预报，几乎每天都是有雨的。

"唉，这雨呀！"黄文秀的心像是被什么揪起来。她每天都关注着百色地区的天气预报和新闻，一颗心提在嗓子眼上，生怕百坭村遇到灾情。

此时，黄文秀家里也如同阴云笼罩。不久前，黄文秀的爸爸查出癌症，动手术，吃药，一直跟死神搏斗。周末，黄文秀忙完工作，借着暮色驱车匆匆回家，在家里陪护爸爸，又连夜赶回百坭村。就这样风里来雨里去，工作和家两头兼顾着，她心里的焦虑与不安，也只是默默地压在心底，她没把这些情绪带到百坭村，以免影响工作。

"不要担心我，好好工作，下雨，路远，不要总是回来看我，注意安全。"爸爸每次接到黄文秀的电话都这样叮嘱。

"好。"黄文秀这样说也是为了让爸爸放心，只是一挂了电话，眼泪就掉下来。

怎么能不担心爸爸呢？黄文秀想爸爸的时候，就翻开手机里的相册，看爸爸的照片。看到过去挺拔的爸爸被癌症折磨得骨瘦如柴，白头发也比平时蓬乱，她就心疼得不得了，恨不得代他生病，替他承受那份疼痛。

六月十四日那天，周五。上午雨下得稍稍小了，中午天空放晴。

黄文秀站在村支部的空地上，看看天色，希望今天百坭村各个屯都不要出现任何险情。如果下午也一直天晴下去，下班后她就能回家了。

前些天爸爸又动了一次大手术，刚刚出院回家，她想回去看看。

手机响了，黄文秀被突然响起来的铃声给吓

了一跳,这种时候最怕手机响,最近大家的话题离不开大雨受灾、洪水、泥石流、塌方等这些字眼。黄文秀隐约不安,担心村庄,担心道路,担心农田……

"书记——洪水把水渠冲断了。"村干部在电话里跟黄文秀说,对方可能在河边,河水哗哗直响,他说得也急,几乎是喊着说的。

黄文秀一听,脑袋就嗡一声响,担心的事情还是发生了。

"我们马上去看看。"黄文秀说。

周昌战支书和其他村干部也得知了这个消息,都很着急。这条水渠可以灌溉二百多亩农田,是很重要的。接着,又陆续有其他地方出现灾情。村干部们分头行动,各赴受灾点勘察灾情。

黄文秀和几位村干部以最快的速度赶到受灾地点,看到一条结实的水渠大部分被冲毁,断成了几截,横在急流中。

"这条水渠可以说是很结实的,多年来扛过了大大小小的洪水冲刷。"村干部跟黄文秀说。

"这是被洪水硬生生冲断成了几段,洪流奔来时所产生的那股冲击力有多大，难以想象。"黄文秀走到残存的渠道边，看河中横着的那几截水渠。

"接下来都是雨天，估计还有暴雨，还会有洪水冲下来。"村干部担忧着。

"先看看还有什么地方被冲毁，再想想，拟个方案，看怎么挽救。"黄文秀说。

黄文秀和村干部们沿着河岸边走，顺着水渠的线路走，再细细进行检查。他们翻过泥泞的山坡，穿过雨水浇湿的竹林，山路滑，一不小心脚底打滑，碰到竹子，竹叶上的水珠便噼里啪啦密集地掉下来。洪水过后的山地，也常常有蛇从泥洞里钻出来，隐藏在竹林下的草叶中，一路走来，大家都很小心，手里拿根棍子，既可以当拐杖扶，又可以用来打草惊蛇。

这一路走下来，查看到了有好几处水渠被洪水冲断。还好，这几处受灾点不会威胁到村民的居住安全。

大伙儿返回村支部，马上集中商量修复水渠的方案。重新维修水渠是一项不小的工程，现在又是雨季,随时都有暴雨,短时间内难以动工。

黄文秀细细做了会议记录,标注着维修所需费用,交代好值班的村干部。

青春之花永远盛开

雨夜的路灯下，一路开车回到自家的红色砖墙小楼前，黄文秀心头一暖：到家了。

推门进屋，带回一身风雨，家人看到文秀回来，心生欢喜。

"姑姑——"侄子奔过来，抱住她。

"你爸爸一直说，下雨天，天色晚了，别让你回来。听说那条山路最不好走。"妈妈还是担心。

"快回到家时天才黑的。"黄文秀把提包和袋子放下，张开手臂把侄子抱起来。

"回来了。"爸爸微弱的声音从屋里传出来。动过大手术的爸爸身体虚弱，大部分时间只能躺在床上休息，黄文秀的车子一回到家门口，他听声就知道了。

爸爸也没有多大力气说话，声音细细的。爸爸说了一会儿话，累了，躺一会儿就入梦了。黄文秀轻轻地帮爸爸盖好被子，牵着侄子轻轻走出去。

"你买给我的书，我都看完了。"侄子把他看完的书都搬到桌子上，期待着姑姑表扬。

"还想看什么书，姑姑都给你买。"黄文秀很疼这个侄子。

"姑姑，你还有钱给我买书吗？爷爷生病，我们家借了别人很多钱……"

黄文秀告诉他："爷爷生病也会好的，欠的债我们也会还得清的。姑姑能给你买书。"

对于家里的情况，黄文秀很清楚。他们家在二〇一六年才脱贫。爸爸这一病，家里再次经济紧张。黄文秀不怕压力，经济上的压力只是暂时的，只要爸爸能康复，一切都会好起来。

每次回家来，黄文秀都跟妈妈睡一张床。在妈妈眼里，她还是心肝宝贝，永远是可爱的碟俏。

这个晚上,黄文秀像儿时那样依偎在妈妈的怀里,跟妈妈说话。

妈妈搂着她,摸摸她的头发:"都有白头发了。"

"我都三十岁了,有几根白头发是正常的。"黄文秀说。

"以后不用给我买什么。我也用不了什么。"妈妈摸摸手腕上戴着的那只银手镯,又心疼了,"以后别花钱买这么贵的东西。"

黄文秀给妈妈和大嫂各买了一只银手镯。"这个没花什么钱。"黄文秀跟妈妈说,"等过年的时候,我还要给你买新衣服。"

黄文秀每次回到家,都尽可能多帮家里干活儿,一早起来就没闲着。洗衣、扫地、做饭都和大嫂抢着做,让妈妈歇着。

这次黄文秀给爸爸带回了蜂王浆,这也是她给爸爸的父亲节礼物。爸爸靠在被子上,黄文秀一勺一勺喂爸爸喝,不时用毛巾擦拭爸爸嘴角上的水渍。

"我不在家里看着,你也一定要每天喝一两

碗。不要为了节省而舍不得吃，现在就是要补充营养，身体才有能量跟疾病抗战，才能健康。"黄文秀一边喂爸爸喝蜂王浆水，一边嘱咐爸爸。

爸爸像个听话的孩子，乖乖地点头答应："好。"

"妈妈每天也喝。"黄文秀也叮嘱妈妈。

"我打算在百坭村养些蜂。"黄文秀跟爸爸说。

"这不太好养吧？"爸爸说。

"我去考察过了。我有信心的。"黄文秀说，"到时候应该会有不少村民养蜂。群众有收益，大家也能买到真正放心的山野蜂蜜。"

黄文秀在家里，心里时刻牵挂着百坭村的灾情，她和村支书周昌战、村主任班智华联系过，得知那用屯有发生洪涝的危险，心急如焚。那里的土质比较疏松，她担心会发生塌方和滑坡。

"我一会儿要回百坭村了。"黄文秀跟爸爸说。

"天气预报说，百色会有强降雨。"爸爸担心。

"我会小心的。"黄文秀安慰爸爸。

"现在天色不早了,不如在家里多住一晚,明天一早再赶路。"爸爸再一次挽留黄文秀。

黄文秀还是放心不下,决意要先赶回百坭村。

"我下周再抽时间回来。"

黄文秀跟爸爸妈妈说完,就匆匆出门,一路风雨兼程。

黄文秀不知道,一股山洪正在前方与她相向而行。她与洪水相遇的地点将是国道212通鸿水泥厂路口到九民村弄孟屯附近的路段。那个路段地形特别,在一片高山环绕中,有一处有点像葫芦肚一样的平地,九民村弄孟屯便在那片平地中。山高,路不平,一条细细的公路几乎是贴着高山林立处挤入,在高山脚下窄小的缝隙中穿过来,从弄孟屯边上扭转,滑过,伸往山两边。有一边山势较高,公路往上爬,一边山势低些,细细的公路像一条线般吊在山缝之中。路边还正好有一条山沟,雨季,从山那边流下来的河水,会经过弄孟屯那片平地,再往这边山沟流来,流向地势更低的山下。这一处窄小的山缝便是前边所有积水的唯一出口,而往百坭村的公路,就有一长段在这个地方。这是先天存在的隐患。

近期雨水量过大，那高山群中的溪流、山谷，难于承载，积在山里的洪水急切地寻找出口。当晚十一点左右，暴雨猛烈袭击凌云，突然暴增的降雨量使那些在山里各处打转的流水不约而同往九民村弄孟屯这片平地奔来。无数支流先后抵达弄孟屯，再往地势稍低的这个出口奔涌，整条公路被淹。

那个时候，黄文秀正好开车抵达这个路段。

深更半夜，荒僻的山道中，黑漆漆的一片，微弱的车灯所照到的地方全是浑浊的洪水。雷声作响，密集落下来的雨点打在车上，闪电像一条怪物的舌头不时从某个地方伸出来，舔过山林，舔过滚滚洪流，仿佛在随时捕食。黄文秀借着闪电的光亮看出去，发现自己被洪水包围了。

黄文秀拍下视频发给大哥黄茂益，告诉大哥："我遇到洪水了。"

……

这是黄文秀给亲人留下的最后的话。

三十岁的黄文秀，山花般年轻灿烂的生命，

永远定格在扶贫路上。

刚经历过大手术的爸爸,再次遭到重重的一击。妈妈因为有心脏病,家里人悄悄地瞒着她,然而,母女连心,她默默无声地坐在一边,看着银手镯上面刻的字:妈妈,女儿爱你。她隐约知道她的碟俏不在了。

碟俏还在,这朵青春之花在百坭村这片热土上永远盛开。

就像《南丹文学》诗人桐雨为黄文秀写下这样的诗句:"满山遍野有她深情的回眸／满山遍野有她暖暖的笑啊／满山遍野,都是她。"

想写一首歌，唱唱百坭村

在黄文秀眼里，百坭村好，看哪儿都好，山虽然高，路虽然难走，可是山里头有风景。百坭村的人好，热情，善良。百坭村的空气好，水质好，种出来的青菜瓜果、红薯芋头、黄豆黑豆土豆都散发着天然的芳香。在寻找商机把砂糖橘对外推广的同时，黄文秀也想把百坭村的自然风景、天然农产品宣传出去，让更多人知道百坭村的美，百坭村的好，也就能为百坭村开拓更多可发展的道路。

"欢迎来我们百坭村玩呀。"

黄文秀热情邀请朋友们到百坭村来。

"我们百坭村的砂糖橘，种在高山，夜吸雨

露，日晒阳光，清香甘甜。"黄文秀还给一些朋友寄砂糖橘，不厌其烦地宣传百坭村的砂糖橘，又盛情邀请各界朋友，"欢迎你们到果园里来，自摘品尝，边玩边吃。"

后来，黄文秀又想，百坭村被高高的大山重重包围着，山高路险，但也深藏着大好的风景，有些山谷、河流、山野的景色非常纯朴、天然，如果宣传得好，人们在周末或短暂的假期，到百坭村来休闲散心，回归田园山野，隐于高山深林也是可行的。

有些村民住在山脚下，流水边，房前屋后种有青菜、瓜果，河里养些鸭和鹅，山脚下林子里散养些鸡，还有河鱼、河虾。如果有人来旅游，在山里走走看看之后，可以在村里头歇歇脚，在山脚下、河水边的农舍里吃顿农家饭。

尤其是在砂糖橘成熟的季节，人们来摘果，游玩，吃正宗的山野菜，还可以买一些带回家，其实还是不错的商业模式。

黄文秀专门走了好几个屯，在山野、河流间走了走，做了一些调研工作。她觉得信心还是有的,或许还可以邀请一些艺术家来百坭村采风、摄影、画画,田野山色,任何一处风景都可入画。还有,百坭村也是多民族聚居地,富有民族元素的民间传说、歌谣、童谣也很丰富。如果邀请作家、音乐家来百坭村采风,也应该是不错的。还有,百坭村的民间美食也可以充分挖掘,尤其是山间河水里养的鸭子、鹅,在山野里散养的鸡,都可以打出品牌,比如"百坭村河水鸭""百坭村散养鸡",等等。黄文秀见到作家老师也盛情邀请。

黄文秀这么构想着,心情实在是很激动。她想把这么好的百坭村画下来,想把这么好的百坭村写下来,还想把这么美的百坭村唱起来……

对,唱歌。

黄文秀到百坭村扶贫,随身所带的行李中,就有一把吉他。在那大山深处的百坭村,夕阳跌入山峦后,整个山村便寂静下来。有时候,黄文秀会抱着吉他,对着月色中山峦的剪影,轻轻弹一曲。

不过,她现在不是抱起吉他唱歌,而是拿起

手机，给一个重要的朋友打电话。

这个重要的朋友就是韦晴晴。她是广西本土的壮族歌手，在田阳县文化馆工作。二〇一四年的中央电视台春节联欢晚会，这个花一样的壮家女孩，凭一曲壮语版的《敬酒歌》唱响全国。她的年龄和黄文秀相仿，也是率直阳光的性格，俩人很是投缘。

"我想写一首歌，唱唱百坭村。"黄文秀拨通韦晴晴的电话，激动地把这个想法跟她分享。

"好呀。"韦晴晴支持她。

"我写，你唱，好不好？"黄文秀说。

"好。你写，我一定唱。"韦晴晴愿意唱她写的百坭村。

"那我们就说好了。"黄文秀说。

"好，我们说好了。"韦晴晴答应她。

"百坭村的山，百坭村的河，田野，村庄，大人们，孩子们……每个人我都想写。百坭村的早晨和夕阳，还有月光，我也想写……"黄文秀激动地描述着她心目中的百坭村。

韦晴晴倾听着，支持她："好，你说的我都

想唱。"

"晴晴，你知道吗？我到百坭村当第一书记后，深入村里的扶贫工作，心里有许多让我感触的东西，比如纯朴的人们，真诚的笑容，到了村里就像回家一样温暖。还有和我一起并肩工作的扶贫干部，基层村干部，他们默默地努力着，奉献着。这些，我每每想起，总化成暖流在心里涌动。我想写一首歌，把心里的这份感动，把对百坭村的感情用歌声表达出来。"黄文秀说着，有一种感动，想哭。

"我陪你，一起努力，把你对百坭村的这份深情、真情用音乐表达出来。"韦晴晴在电话那头，也和黄文秀一样激动着。

这是两个女孩美好的约定。

五月份，黄文秀和韦晴晴还见过一次面，黄文秀带她到山野间去摘果子吃。两个女孩在果树下合影，互相拍照。她们的话题自然离不开约定的那首歌。

"我会抓紧填词。"黄文秀说，"到时候，你来百坭村，在百坭村的山野上唱起来。"

"好。"韦晴晴期待着。

黄文秀没想到,她再也没有办法写完那首歌的歌词了。

韦晴晴也没想到,黄文秀失约了。在那个暴雨之夜,黄文秀牺牲了……

"文秀,不是约好你写一首歌,让我来唱唱百坭村的吗?这样失约,可不好哟……"

韦晴晴看着手机里的照片,距离那天见面,还没过多久。

黄文秀走了。韦晴晴想努力去做点什么,完成她们俩的那个约定。她知道,黄文秀喜欢看书、写作,常常写日记,她到百坭村扶贫后也写有一本工作日记。韦晴晴决定,就唱她写的日记。

韦晴晴托黄文秀的家里人帮忙,在她的工作日记里找到了一篇日记,创作了一首歌。

这首歌的名字就叫《文秀日记》。

这时候的韦晴晴已经在南宁工作,她找到好朋友、作曲家何镇国,请他帮忙作曲。韦晴晴自己掏钱来制作,只为了和黄文秀完成那个美丽的

想写一首歌,唱唱百坭村

约定。

何镇国也被她们的这个故事打动,用最快的速度完成了作曲。

今天印象深刻的是黄仕京户,
他们见我们非常的辛苦,
就热情地留我们吃晚饭。

他们家共有五口人,收入不多,
上有八十四岁的老父亲,
下有两个孩子正在读大学。
我们赶紧收集他们的材料
来办理"雨露计划"。

家里的老人一直说,
感谢党的好政策,
对我们的到来非常地激动。
我告诉他,
现在的日子虽然苦一点儿,
以后依靠不断地努力,幸福总会到来!

他居然激动得哭了，
让我无比动容。

　　韦晴晴唱完这首歌，仿佛看到百坭村的山野正开满山花，那盛开的花朵，就是黄文秀的笑容。
　　这首歌，她一定听到了。